KATJA EICHINGER

DAS GROSSE BLAU

Blumenbar

KATJA
EICHINGER

CÔTE D'AZUR
DAS GROSSE BLAU

MIT
FOTOGRAFIEN
VON
CHRISTIAN
WERNER

Blumenbar

MIX
Papier | Fördert gute Waldnutzung
FSC® C083411

ISBN 978-3-351-05122-8

Blumenbar ist eine Marke
der Aufbau Verlage GmbH & Co. KG

2. Auflage 2024

www.aufbau-verlage.de
10969 Berlin, Prinzenstraße 85

Satz Greiner & Reichel, Köln
Druck und Binden CPI books GmbH, Leck, Germany
Printed in Germany

www.blumenbar.de

Für meinen Vater

I believe in God
I believe in Mermaids too.

NICK CAVE

Winter is coming.
JON SNOW, GAME OF THRONES

Das Meer ist milchig blau. Am Horizont geht es fast nahtlos in den wolkenlosen Himmel über. Die Palmen zittern leicht im Nachmittagswind. Ihre Blätter schimmern silbern in der immer noch etwas kühlen Maisonne. Unter dem Vogelgezwitscher der Gärten brummt der entfernte Straßenlärm von Cannes. Kaum bemerkbar und doch immer präsent. Wie ein leichtes Unbehagen, das sich auf unerklärliche Weise ins Paradies geschlichen hat. Von meinem Fenster aus kann ich in den Nachbargarten schauen. Hinter einer hohen Eukalyptushecke verbirgt sich ein Swimmingpool, in dem fast nie jemand schwimmt. Der Wind kräuselt sich auf dem Wasser. Wie so oft stelle ich mir vor, dass dieser von grandiosen Zedernbäumen eingerahmte Pool der perfekte Schauplatz für einen Thriller wäre. Eine Geschichte über Sex, Glamour und mörderische Intentionen. Dass in diesem an heißen Tagen so begehrenswert kühl anmutenden Becken ein menschlicher Abgrund lauert. Ein Pfuhl aus Eifersucht, Scham und Erniedrigung. Bisher hat sich nichts davon verwirklicht. In all den Jahren, in denen ich nun schon hier an meinem Schreibtisch aus dem Fenster schaue, hat sich keine meiner Phantasien bewahrheitet. Der Pool strahlt mich weiterhin türkis-unschuldig an. Und doch weiß ich, dass ich der Sache nicht trauen kann. Schließlich sind wir hier nicht irgendwo am Mittelmeer. Strahlendes Blau, Palmen und duftenden Eukalyptus mag es auch anderswo im südlichen Europa geben. Aber nur hier, an der Côte d'Azur, ist die Dichte der Geschichten sowie der KünstlerInnen, die sie verewigt haben, so unerhört hoch. Kaum ein anderer Küstenstreifen hat so viele Menschen aus Politik, Literatur, Kunst, Mode, Film und Musik angezogen. Dieses kleine Stück Erde ist getränkt mit Geschichten. Das 20. Jahrhundert mit all seinen hohen Idealen sowie den menschgemachten Katastrophen, mit denen diese Ideale auf das Schändlichste betrogen wurden, hat hier seinen Ausdruck gefunden. Auch jetzt im 21. Jahrhundert gehen die Geschichten weiter. Die Realitäten der digitalen Konsumgesellschaft und wie sich diese auf globale Machtverhältnisse und den einzelnen Menschen auswirken, spiegeln sich in hoher Konzentration an der Côte d'Azur. Unsere Narrative nehmen hier neue, mitunter extreme Wendungen. Der Eros des Erzählens, er ist an diesem Ort zu Hause.

Die Côte d'Azur, die azurblaue Küste – auch die französische Riviera genannt, aber das klingt so banal –, beschreibt den Küstenabschnitt der französischen Mittelmeerküste zwischen Cassis in der Nähe von Marseille, über Sanary-sur-Mer, Toulon, Saint-Tropez, St. Raphael, Cannes, Antibes, Nizza, Monaco bis hin zu Menton kurz vor der italienischen Grenze. Es war der französische Dichter Stéphen Liégeard, der 1887 ein Buch mit dem Titel *La Côte d'Azur* veröffentlichte, und so dieser Region ihren Namen gab.

Ich komme nun schon seit mehr als 29 Jahren hierher. Anfangs nur im Mai, weil ich nach meinem Filmstudium in London bei den Filmfestspielen von Cannes erst als Pressebetreuerin und später als Journalistin arbeitete. Seit zwölf Jahren habe ich hier eine Wohnung im 5. Stock eines alten Apartmentgebäudes, die mein Rückzugsort geworden ist. Hier schreibe ich. In den Sommermonaten bedeutet das, dass ich bei heruntergelassenen Rollos in einem dunklen Wohnzimmer sitze, die Fenster offen, damit durch den Durchzug etwas kühle Luft in die Wohnung gelangt. Morgens und abends gehe ich entweder hinunter zum Strand und schaue aufs Meer oder in ein nahegelegenes Naturschutzgebiet, wo Einheimische ihre Hunde spazieren führen. Angeblich treffen sich dort nachts Leute, um Sex zu haben, aber außer einer unangenehmen Begegnung mit einem Exhibitionisten ist mir diesbezüglich noch nichts Konkretes aufgefallen. Tagsüber im Dunkeln schreiben, morgens und abends spazieren gehen – über die Jahre hinweg hat sich das als guter Tagesrhythmus bewiesen, um ein Buch oder

Drehbuch zu schreiben. Schöner ist es natürlich, wenn es nicht so heiß ist, und ich die Rollos oben lassen kann. Denn das Beste an meiner Wohnung ist der Blick von meinem Schreibtisch. Das Gebäude liegt an einem kleinen Berg, so dass ich vom Fenster aus nicht nur den Swimmingpool nebenan beobachten kann, sondern einen Blick auf das etwa einen Kilometer entfernte Meer habe. Der Meereshorizont mit seinen ständig wechselnden und an manchen Tagen unübertrefflich strahlenden Blautönen ist hier mein ständiger Begleiter. Groß und unwiderstehlich, manchmal heiter, manchmal übel gelaunt, fühlt er sich nicht so sehr an wie ein Naturereignis, sondern wie eine Person, ja, mittlerweile ist er ein guter Freund. Wenn ich hier oben an meinem Schreibtisch sitze, weit weg vom Rest der Welt, und mir durch das Fenster dieses große Blau entgegenstrahlt, dann fühlt sich das an, als würde ich wie ein Satellit über die Erde hinweg fliegen und mir dabei vom Blau etwas erzählen lassen.

Als der Maler Claude Monet sich 1888 von seinem Freund Guy de Maupassant zu einer Reise an die Côte d'Azur überreden ließ und hier innerhalb kurzer Zeit 36 Bilder malte, sagte er über diesen Horizont: »Man ist hier so durchtränkt von Azurblau, dass es einem fast Angst macht.« Das Blau ist in der Tat radikal. Es überstrahlt alles und lässt keine Alternative zu. Mir persönlich macht das keine Angst. Es erinnert mich vielmehr daran, dass bei allen negativen oder schwierigen Dingen, die einem im Leben widerfahren, doch immer auch Gutes passieren kann. Das hatte mir vor etwa elf Jahren mal meine Freundin Claire gesagt. Claire war mit Anfang 40 nach dem Scheitern ihrer zweiten Ehe an die Côte d'Azur gezogen und hatte sich hier einen neuen Beruf und ein neues Leben aufgebaut. Durch Claire habe ich die Côte d'Azur erst wirklich kennengelernt. Als einen Ort der Geschichten und der Kultur, wo Exzess und Reichtum zwar existieren, aber ein naturverbundenes Leben ohne täglichen Luxusrausch möglich ist. Dieses Blau, was immer es sonst noch bedeuten kann, für mich steht es immer auch für Hoffnung.

Trotzdem kann der Blick aus dem Fenster auch existenzielles Grauen in mir auslösen. Nämlich immer dann, wenn in den Sommermonaten gigantische Kreuzfahrtschiffe in der Bucht von Cannes haltmachen. Oft sind es zwei, manchmal sogar drei dieser schwimmenden Hochhäuser, die hier vor Anker liegen. Tausende von Touristen überschwemmen dann die Innenstadt. Das Wasser an den Stränden wird trübe und schmutzig, und der Himmel verdunkelt sich von den Wolken, die aus den Schornsteinen dieser Schiffe ausgestoßen werden. Als Übertourismus bezeichnet man dieses Phänomen. Zu viele Menschen besuchen einen Ort und zerstören dabei genau das, was sie hier suchen. Trotzdem sind diese Ungetüme in Cannes besser aufgehoben als an anderen Orten, die bis vor einigen Jahren noch gar keine Tourismusindustrie kannten. Mit Tourismus kennt man sich hier aus. Man weiß, wie man die verwirrt-neugierig und doch immer irgendwie misstrauisch dreinblickenden Menschenmassen in Freizeitkleidung und extrabequemen

Schuhwerk durch die Gegend schleust und damit auch Geld verdient. Die Côte d'Azur kann als Vorreiter des Tourismus betrachtet werden und hat über die Jahrhunderte hinweg eine Infrastruktur dafür aufgebaut. In anderen Teilen Europas verbreitete sich das Konzept des »Gardinenwechsels« und der Gedanke, sich in einem fremden Land zu erholen und Kraft für den Alltag zu schöpfen, erst nach dem Zweiten Weltkrieg, als Arbeitsgesetze weiten Teilen der Bevölkerung Zugang zu bezahltem Urlaub verschafften. Doch schon die römische Kaiserin Cornelia Salonia soll in das spätere Nizza gereist sein, um in den dortigen Heilbädern ihre Nerven wiederherzustellen. Die französische Filmemacherin Agnès Varda nennt in ihrem sehr unterhaltsamen Dokumentarfilm *Côte de la Côte* (1958) den französischen Kardinal Maurice de Savoy als den Erfinder des »Migrationstourismus«, weil dieser im 17. Jahrhundert im Alter von 50 Jahren höchst skandalös die Kirche verließ, um seine Nichte Louise-Christine zu heiraten. Auf der Flucht vor den bösen Zungen zog sich das Paar an die Côte d'Azur zurück und überwinterte hier. Statt Schneematsch und Eiseskälte fanden sie hier Palmen, Mimosen, Zypressen und Oleander. Vor allem Russen und Engländer folgten in den darauffolgenden Jahrhunderten ihrem Beispiel. Die Côte d'Azur wurde präferierter Ort für alle die, die dem kalten Winter des nördlichen Europas entkommen wollten.

Es war die Witwe von Zar Nikolai I., Alexandra Fjodorowna geboren als Charlotte von Preußen, die in den 1850er Jahren an die Côte d'Azur reiste, und zahlreiche russische Adelige taten es ihr nach. Ihr Enkel Nikolai, der Sohn von Zar Alexander II., war – wie so viele andere – hierher verschickt worden, weil er an Tuberkulose litt. Man hoffte, dass ihn das milde Klima kurieren könnte. Besonders Menton galt als vermeintliche Heilungsstätte für Tuberkulosekranke. Erst später wurde erkannt, dass sich Bergluft wesentlich besser für die Behandlung von Lungenkrankheiten eignete. Der Zarewitsch verstarb 1865 in Nizza an seiner Krankheit. Seine ebenso erkrankte Mutter Marie von Hessen-Darmstadt, später die Zarin Marija Alexandrowna, erlag wenige Jahre darauf dem gleichen Leiden. Was die zweite Frau des Zaren, Prinzessin Katharina Dolgorukaja, jedoch nicht davon abhielt, auch an die Côte d'Azur zu ziehen. Mit der Oktoberrevolution 1917 verschwanden die meisten dieser russischen Aristokraten. Oder wenn einige wenige wieder auftauchten, dann in neuer Funktion als Chauffeur oder Hotel-Concierge. Doch die Verbindung zu Russland blieb. Seit dem Mauerfall 1989, dem Kollaps der Sowjetunion und dem Aufstieg der russischen Oligarchen ist sehr viel russisches Geld an die Côte d'Azur geflossen. An manchen Türen und Büros hängen Schilder in Kyrillisch. Viele RussInnen haben hier Immobilien gekauft, nicht zuletzt der Oligarch Roman Abramowitsch, dem eins der prächtigsten Häuser der Côte d'Azur gehört, das *Château de la Croë,* in dem früher der Herzog von Windsor mit seiner Frau Wallis Simpson nach seiner Abdankung vom englischen Thron gewohnt hatten. In meiner Yogastunde in Cannes vor ein paar Jahren hieß oft die eine Hälfte der Frauen Katja und die andere Lena. Die einen waren von ihrer Kleidung her ganz offensichtlich russische Ehefrauen, die anderen wohl eher Geliebte. Möglicherweise sogar von denselben Männern. Und nein, der Geist des Feminismus war es nicht, der da beim nach unten schauenden Hund eingeatmet wurde. Durch den Ukraine-Krieg ist die Abramowitsch-Villa von der französischen Regierung gepfändet worden. Auf der Liste der irgendwie Putin-nahen RussInnen, die an der Côte d'Azur weder Immobilien kaufen noch verkaufen dürfen, stehen mehr als 400 Namen. Dafür sieht man jetzt immer wieder SUVs mit ukrainischem Kennzeichen im Verkehr. Letztes Jahr kam ich in einem Café mit einer jungen Frau aus der Ukraine ins Gespräch. Sie versuchte gerade, sich als ukrainische Influencerin an der Côte d'Azur eine Karriere aufzubauen. Sie war sehr nett und erzählte mir, dass die weniger wohlhabenden UkrainerInnen mit ihren Kindern nach Polen und Deutschland, die reichen UkrainerInnen aber an die Côte d'Azur geflohen seien. Die Verbindung bestehe ja schon. Viele hätten hier Häuser oder würden die Gegend aus dem Sommerurlaub kennen. Ein paar Monate später schickte sie mir ein Video von den therapeutischen Yoga-Wochenenden, die sie jetzt organisierte. Darauf waren Frauen in Jogginghosen zu sehen, die sich auf ihren Yoga-Matten orgasmisch-seufzend in den Armen lagen. Die Côte d'Azur ist ein hartes Pflaster für eine junge Frau, die sich hier allein über Wasser halten muss. Sex trifft hier auf Macht und Geld. Am Ende gewinnt immer das Geld.

Auch viele EngländerInnen besitzen an der Côte d'Azur Immobilien. Im Alltag fallen sie weniger auf als andere Nationen. Auch scheint durch den Brexit ihre Präsenz abgenommen zu haben. In den Ortschaften in den Bergen sieht man weniger britische Luxushochzeiten, bei denen Brautjungfern in identischen Pastellkleidern und Lockenstabfrisuren mit einem »Wann gibt es endlich Champagner?«-Blick auf Kirchplätzen herumstehen. Die britische Präsenz an der Côte d'Azur hat eine lange Tradition. Bereits im 19. Jahrhundert hatte sich England einen florierenden Hafenstützpunkt in Nizza aufgebaut, von wo aus Blumen nach London exportiert und so der wachsende Markt für Parfums bedient wurde. Die Reisenden, die damals vom Vereinigten Königreich in den Wintermonaten an die Côte d'Azur kamen, gehörten meistens zur Aristokratie oder der Regierung. Mit der Industriellen Revolution folgten ihnen zunehmend auch Bankiers und Industrielle. Die englische Bourgeoisie gehörte nun auch zu »les hivernants«, den Überwinternden. Die sieben Kilometer lange Strandpromenade von Nizza heißt denn auch Promenade des Anglais, die Promenade der EngländerInnen. Die englische Gemeinde Nizzas hatte den Bau dieser Promenade finanziert, als 1820 ein besonders harter Winter im Norden Frankreichs eine Hungersnot auslöste. Den bettelnden und arbeitssuchenden Menschen, die in die Stadt strömten, sollte durch die Bauarbeiten eine Erwerbsmöglichkeit geboten werden. Auch heute noch stehen an der Promenade des Anglais strahlend weiße Stucco-Häuser aus dem Ende des 19. bzw. Anfang des 20. Jahrhunderts.

Dazwischen reihen sich – meist auch strahlend weiß – die sonderbaren Zukunftsvisionen, die ArchitektInnen seit dem Ende des Zweiten Weltkriegs hier verewigt haben. Das fühlt sich an wie eine Kreuzung aus *Sissi*-Film und *Miami Vice* – klingt schrecklich, funktioniert aber. Was vielleicht auch daran liegt, dass kein Gebäude zerstören oder überstrahlen kann, was die Promenade des Anglais so außergewöhnlich macht: das brillante, ja unwirkliche Türkisblau des Meeres hier. Das Blau der Côte d'Azur ist zwar überall intensiv, aber nur hier in Nizza hat es eine surreale Qualität, die einen Strandspaziergang zu einem transzendentalen Erlebnis machen kann. Auf der einen Seite glänzt dann das Meer und der Himmel, auf der anderen strahlen die weißen Gebäude, und vor einem erstreckt sich die weite Fußgängerpromenade, auf der sich die Menschen verlaufen. Der Weg liegt frei vor einem, alles strahlt, nichts nervt, immer weht eine Brise und temperiert das Gemüt. Auf blauen Stühlen sitzen Einheimische wie Touristen und starren aufs Meer. Wären wir in Japan, gäbe es wahrscheinlich ein Wort dafür: Das Sich-taumeln-Lassen in der unendlichen Weite des Blaus. Wer das einmal erlebt hat, versteht, warum der Künstler Yves Klein 1946 im Alter von 18 Jahren am Strand von Nizza liegend, den blauen Horizont zu einem Kunst-

LE

werk erklärte. Der in Nizza aufgewachsene Klein, der sich selbst nicht so sehr als Maler, sondern als Agitator von utopischen Ideen verstand, ließ sich das für die Côte d'Azur so typische Ultramarinblau patentieren und machte es durch seine monochromen Kunstwerke weltberühmt. Es ist die Utopie des Enthusiasmus, einer Vision der Zukunft von absoluter künstlerischer Freiheit, von purer Farbe, befreit vom Gefängnis der Gegenständlichkeit, die Klein mit seinen Monochrom-Bildern verkündete. Und so eindringlich und tief bewegend diese Kunstwerke auch sind, mit dem Original können sie sich nicht messen.

Dass Cannes sich vom winzigen Fischerdorf zum mondänen Küstenort mit der legendären Croisette als Uferpromenade entwickelte, hat die Stadt dem britischen Lord Brougham zu verdanken. Dieser war 1820 zu einem der berühmtesten Männer Großbritanniens aufgestiegen, als er vor Gericht Prinzessin Caroline von Braunschweig verteidigte. Ihr Ehemann, der britische Thronfolger und spätere König George IV., hatte sie vor Gericht gezerrt, um sie des Ehebruchs und des einer Königin unwürdigen Verhaltens anzuklagen. Mit seiner Schmutzkampagne wollte der alles andere als tugendhafte George eine Scheidung erzwingen. Die britische Unterschicht verbündete sich jedoch mit der deutschen Prinzessin. Vor dem Gerichtssaal gab es immer wieder Ausschreitungen mit dem Schlachtruf »No Queen, No King«. Mit Hilfe von Lord Brougham gewann Caroline das Verfahren. Kurz darauf verstarb sie, wahrscheinlich an

Magenkrebs. Es gibt aber auch die Vermutung, dass sie vergiftet wurde. Sowohl Caroline als auch Lord Brougham wurden zu Galionsfiguren der Reformbewegung. Später, als Mitglied der Regierung setzte sich Brougham für die Abschaffung der Sklaverei ein und ebnete den Weg für das spätere Frauenwahlrecht. Als er 1834 mit dem Sieg der königstreuen Tories seinen Platz in der Regierung verlor, begab er sich mit seiner kranken Tochter auf eine Reise nach Italien. Dort sollten sie jedoch nie ankommen, denn der Ausbruch der Cholera und die damit verbundene Quarantäne führte dazu, dass sie nach der 16-tägigen Kutschenfahrt von Calais in Cannes festsaßen. Die beiden nahmen sich ein Zimmer in der einzigen Pension dieses kleinen Fischerdorfs. Brougham begann, die Gegend zu erkunden und sich auf Wanderungen durch die nahgelegenen Esterel-Berge mit ihren orange-roten Felsen zu begeben, die die westliche Seite der Bucht von Cannes einrahmen, sie vor kalten Winden schützen und für ein mildes Klima sorgen. Auch heute noch kann man dort wunderbar wandern gehen. Das Naturschutzgebiet im Esterel ist einer meiner Lieblingsorte an der Côte d'Azur. Wenn man einmal den Villengürtel hinter sich gelassen hat, der um die gesamte Bucht liegt (dazu gehört auch das Sci-Fi-artige *Palais Bulles* des Modedesigners Pierre Cardin, das sich wie riesige Seifenblasen aus Terracotta über den Berg ergießt), kann man sich hier in verschlungenen Wanderpfaden durch Pinienwälder verlieren. Immer wieder bietet sich einem eine atemberaubende Aussicht, und die große, von Blumendüften durchtränkte Stille wird nur von den dauerzirpenden Zikaden unterbrochen. Dass bei allen Autostaus und Menschenmassen an den Strandpromenaden die Natur trotzdem immer noch so nahe ist, ist sicherlich einer der Gründe, warum mich die Côte d'Azur weiterhin so verzaubert. Zwischen Cannes und Nizza, am Cap d'Antibes, gibt es einen engen Wanderpfad, der die Felsen entlang um das Cap direkt zur sogenannten Bucht der Milliardäre führt. Die Häuser, die sich hinter den mit Sicherheitskameras bewachten Zäunen und Pinienhecken des Caps verstecken, gehören zu den teuersten Immobilien der Welt. Man würde also vermuten, dass das Cap komplett abgeriegelt und die Schönheit der Natur nur den hier wohnenden MilliardärInnen zugänglich ist. Doch der Parkplatz am Cap ist kostenlos und der Wanderweg jedem zugänglich. Versteckt hinter der stillen Luxusenklave des Cap d'Antibes, wo man hinter den hohen Hecken und Eisentoren nur ab und zu den ein oder anderen Giebel, Säulenvorsprung oder eine von Zypressen gesäumte Auffahrt erhaschen kann, erstreckt sich hier eine teilweise mondartige Felsenlandschaft. Bei Flut tosen die Wellen gegen die Felsen und sprühen Gischt über die in den Stein gehauenen Treppen des Pfads. Es ist ein kleines Naturwunder mitten im Milliardärs-Ghetto, versteckt hinter den in der Hauptsaison überlaufenen Strandpromenaden von Juan-les-Pins und Antibes. Einheimische, die in den Sommermonaten diese Menschenmassen vermeiden wollen, flüchten sich in die Berge im Hinterland von Cannes. Hier gibt es einen eiskalten Fluss, der durch einen Laubwald hindurch an den Ruinen eines vormittelalterlichen Klosters vorbeifließt. Schwimmen kann man hier nicht, aber wenn unten am Strand die Sonne brütet, sitzen die Erwachsenen auf den Steinen und lassen die Füße in den Fluss baumeln. Die Kinder planschen derweil solange im Wasser herum und laufen lachend durch die Felsen des steinigen Flussbetts, bis sie irgendwann müde zusammenklappen und unter den Bäumen Mittagsschlaf halten. Im Frühjahr tauchen die Mimosen-Bäume das Tal in ein betörend duftendes Meer aus Gelb. Überall in den Bergen der Côte d'Azur wachsen die Mimosen und verströmen ihren Duft. Die Mimosen-Blüte im Frühjahr ist die schönste Zeit, um an die Côte d'Azur zu fahren. Nirgendwo sonst ist das Gelb so leuchtend und das Aroma so verzaubernd. Ein synästhetisches Erlebnis aus Farbe und Duft, das so schön ist, dass es den Verstand übersteigt.

Es war denn auch die Schönheit des wolkenlosen Himmels, das tiefe Blau des Meeres, die Orangenhaine und die nach Mimosen, Zedern und Eukalyptus duftende Luft, die Brougham damals im 19. Jahrhundert dazu bewegten zu bleiben. Er kaufte Land und ließ für seine Tochter die nach ihr benannten *Villa Éléonore-Louise* bauen. Als seine Tochter 1839 verstarb, konnte er sich nicht von dem Haus trennen und übernahm das Gebäude. Cannes wurde zu seinem Herzensort. Broughams Begeisterung für Cannes und seine milden Winter zogen andere Aristokraten und Reiche an, die vor der Kälte Nordeuropas flohen. Sein Freund Thomas

CARLO

Robinson Woolfield begann, den lokalen Anwohnern Land abzukaufen und an reiche Engländer zu verkaufen, die sich hier Villen bauten. Woolfield war es auch, der den ersten Tennisplatz in Cannes errichten ließ. Die Idee fasste schnell Fuß. Hinzu kam, dass der englische Kronprinz Edward, der Sohn von Königin Victoria und Prinz Albert, auch Tennis spielte. Während seine Mutter zunächst in Menton und danach regelmäßig in Nizza überwinterte, liebte Edward Cannes und verbrachte viel Zeit dort. Schon bald nannte man ihn den König der Côte d'Azur, denn sein Erscheinen bei einer Festivität war ein Garant für deren Erfolg. Seine Tennis-Affinität trug maßgeblich zur Verbreitung des Sports an der Küste bei. Das Apartmentgebäude beispielsweise, in dem sich meine Wohnung befindet, wurde Ende des 19. Jahrhunderts als Tennis-Hotel gebaut. Auf alten Fotos sieht man, dass sich überall dort, wo heute ästhetisch etwas zweifelhafte Apartmentgebäude aus den 1960er und 70er Jahren stehen, Tennisplätze befanden. Das hauptsächlich englische Klientel verbrachte die Winter an der Côte d'Azur damit, Tennis zu spielen. Allein bei dem Gedanken an das monatelange Plonk-Plonk-Plonk-Monoton, das früher die Geräuschkulisse dargestellt haben muss, wenn man das Fenster öffnete, wird mir ganz schwindelig. Andererseits klang das wahrscheinlich immer noch angenehmer als das höllische Laubgebläse des Gärtners von nebenan. Heute ist von dem Tennisparadies nur ein einziger Tennisplatz übrig geblieben. Während das Nachbargebäude den schönen Pool hat, in dem nie jemand schwimmt, haben wir einen von Unkraut überwachsenen, uneben geteerten Tennisplatz, auf dem nie jemand spielt.

Woolfield war es auch, der im Garten seiner *Villa Victoria* Akazien, Eukalyptus, Mimosen und Palmen anpflanzte – eine Flora also, die heute als typisch für die Region gilt. Die *Villa Victoria* liegt nicht weit von meinem Apartmentgebäude entfernt. Sie ist auch heute noch in Privatbesitz und sieht aus wie ein englisches Mini-Schlösschen, das sich nach Südfrankreich verirrt hat. Heute ist es eingepfercht zwischen 60er-Jahre-Wohnblöcken, die Namen tragen wie *Le Sun Beach* oder *Le Sun Point*. Die hohe Mauer, die das Gebäude umgibt, schafft es kaum, den exotischen Garten gegen die Hauptverkehrstraße abzuschotten, an der die Villa heute liegt und auf der sich regelmäßig heiß gelaufene Autos und Lastwagen stauen. Der Garten der nahegelegenen *Villa Rothschild* dagegen hat seine Grandezza behalten. Die Villa wurde 1881 von Betty de Rothschild gebaut, der Witwe des Bankiers James Mayer de Rothschild, und erinnert an ein Chateau. Da sie 1952 von der Rothschild-Familie an die Stadt Cannes verkauft wurde und heute eine öffentliche Bibliothek beherbergt, sind ihre hohen Palmen und Zedernbäume nicht dem Bauboom zum Opfer gefallen. Doch auch die öffentliche Hand kann die Zedern und Palmen nicht vor den DJs beschützen, die hier während der Filmfestspiele blechernes Techno auflegen, wenn der Garten an Filmfirmen, darunter auch die Deutsche Filmkommission, vermietet wird.

Dass die Palme im Wappen von Cannes steht und heute beim Filmfestival die Goldene Palme verliehen wird, geht jedoch nicht auf Woolfield und seinen exotischen Garten zurück. Der Grund dafür ist die Legende, dass Honoratus von Arles auf der kleinen Insel in der Bucht von Cannes, wohin er sich zurückgezogen hatte, auf eine Palme geklettert war, um vor giftigen Schlangen zu flüchten. Oben auf der Palme hockend, betete er zu Gott, er möge die Insel von der Schlangenplage befreien. Gott erfüllte seinen Wunsch und schickte ihm eine riesige Welle, die die Schlangen von der Insel spülte. Honoratus war so dankbar, dass er daraufhin auf der Insel ein Kloster gründete. Die Insel ist heute nach ihm benannt, St. Honorat. Seit rund 1600 Jahren wohnen hier nun schon Mönche. Die älteste Kapelle der Insel wurde im 10. Jahrhundert gebaut. Heute leben noch 21 Mönche auf der Insel, die über eine Fähre erreichbar ist. Die Brüder bauen Wein an und halten Bienen, deren Honig sie ebenso wie den Wein in ihrem Klosterladen verkaufen. In ihrem Restaurant kann man Hummer essen oder sich einfach nur, wenn einem der Rummel von Cannes zu viel wird, in Ruhe im Schatten unter einen Baum legen. Sanft eingehüllt vom ewigen Surren der Zikaden und dem leisen Plätschern der Wellen gegen die Felsen am Ufer, kann man dann darüber nachdenken, dass die Goldene Palme, um die sich all das Drama und die Aufregung während der Filmfestspiele drehen, nach jemanden benannt ist, der buchstäblich auf die Palme gegangen ist.

Die Filmfestspiele von Cannes finden in dem UFO-artigen Palais du Festival statt, das die Bucht von Cannes beherrscht wie eine riesige Kröte, die darauf wartet, wach geküsst zu werden. Und egal, wie viele Küsse die Filmstars auch vom roten Teppich in die Menge werfen, sie weigert sich einfach, sich in einen Prinzen zu verwandeln. Schräg gegenüber von dem Palais steht eine Statue von Lord Brougham, die an den Erfinder des modernen Cannes erinnern soll. Er verstarb 1868 im Alter von 89 Jahren und wurde auf dem hiesigen Friedhof begraben, der sich über einen Hügel von Cannes wölbt. Marmorkreuze ragen dort düster in die Höhe, darunter liegen von der Sonne ausgebleichte Seidenblumen. Im gleißenden Licht der Côte d'Azur fühlt man ein modriges Gruseln wie in einem Schauerroman. Lord Broughams Statue im Hafen wirkt dagegen weit weniger melodramatisch und ist wohl eher in seinem Sinne. Links davon stehen die Leute vor einem Eisladen Schlange, rechts davon vor einer McDonald's-Filiale. Am Wochenende ist sie von einem Flohmarkt umzingelt. Ein paar Meter weiter spielen Menschen Boule, Touristen führen ihre Sonnenbrände spazieren, und kleine Kinder sitzen zufrieden mit ihrem tropfenden Eis im Kinderwagen. Lord Brougham, der Schöpfer von alldem, steht leicht amüsiert auf seinem Podest und hält den Blick gesenkt, damit er nicht auf die Kröte gegenüber schauen muss.

Look Dave, I can see you're really upset about this. I honestly think you ought to sit down calmly, take a stress pill, and think things over.
HAL, 2001: A SPACE ODYSSEY

Vor ein paar Tagen war ich in Nizza, nach Marseille die zweitgrößte Stadt am französischen Mittelmeer und Heimat meines Hauptnahrungsmittels, wenn ich mich an der Côte d'Azur aufhalte, dem Nizza-Salat: eine Melange – der Ursprung ist unklar und eine ErfinderIn ist nicht bekannt – aus grünem Salat, Thunfisch, Tomaten, Kartoffeln, grünen Bohnen, Radieschen, gekochtem Ei, Sardellen und Oliven. An heißen Sommertagen meiner Meinung nach das ideale Mahl. Eiweiß, Kohlenhydrate, etwas salzig und nicht zu schwer, kann man immer und immer wieder essen. Aber ich bin wirklich die Falsche, um kulinarische Reiseführer zu schreiben. Denn bei mir ist es so, wenn ich einmal etwas mag, dann bleibe ich dabei und versuche jede Abwechslung zu vermeiden. Trotz meiner Vorliebe für Nizza-Salat hatte

ich die Stadt selbst in letzter Zeit viel zu selten besucht. Das liegt daran, dass es mir, wenn ich an der Côte d'Azur bin, nicht nach Stadtleben steht. Auch wenn Nizza im Vergleich zu Berlin oder München höchst entspannt, um nicht zu sagen verschlafen ist, sind mir die vielen engen Einbahnstraßen und der dichte Verkehr zu anstrengend, als dass ich sie bewusst aufsuchen würde. Außerdem kann ich sehr schlecht einparken und kreuze immer verzweifelt umher auf der Suche nach einem Parkplatz. Dabei muss in dann immer an den britischen Autoren J. G. Ballard denken, der mit *Super Cannes* einen großartigen Thriller über die Côte d'Azur schrieb und später feststellte, dass das einzige spirituelle Bedürfnis des modernen *homo consumens* darin besteht, einen Parkplatz zu finden. In Nizza kann ich das nachvollziehen. Dabei ist Nizza wirklich sehr charmant, ja hübsch. Pastellfarbige Zuckerbäcker-Villen aus dem 19. Jahrhundert treffen auf reich ornamentierte Apartmentgebäude der Belle Epoque, die die langen Straßenzüge der Innenstadt säumen. Eins der schönsten Gebäude ist dabei das Hotel Negresco aus dem Jahr 1912 an der Promenade des Anglais. Im Inneren des riesigen Atriums hängt ein gigantischer Kristalllüster, den Zar Nikolaus II. in Auftrag gegeben hatte, auf Grund der Oktoberrevolution jedoch nicht mehr enthüllen konnte. Was das Negresco jedoch so witzig macht, sind die psychedelischen Teppiche aus den 70ern, mit denen die Korridore ausgelegt sind, sowie die nicht immer besonders gute, aber meist bunte Kunst, die zwischen Antiquitäten und schwülstigen Seidensofas hängt. Und wenn man auf den weißen

Plastiksesseln mit schwarzer Samtpolsterung sitzt, die in einer der Etagen eine Sitzgruppe bilden, dann fühlt man sich wie in einem Stanley-Kubrick-Film – die Milchbar aus *Clockwork Orange* trifft auf das Overlook Hotel in *The Shining*.

Abgesehen von der deprimierenden Asphaltierung der Fußgängerzone ist der alte Stadtkern von Nizza weitgehend intakt. In der verwinkelten, mediterranen Altstadt finde ich mich auf einem kleinen Platz wieder, wo in einem Straßencafé große Mengen Eis gegessen werden. Vor einer Kirche spielt ein Geiger, und daneben sitzt eine imposante alte Dame mit schwarz gefärbten, aufgetürmten Haaren und tiefroten Lippen, die aus den Karten die Zukunft liest. Es herrscht gute Laune, bei Einheimischen wie bei Touristen. Sei es nun im Negresco, hier in der Altstadt oder an der Strandpromenade angesichts des strahlenden Türkisblaus des Meers, alles fühlt sich üppig an. Angenehm durchmischt von den unterschiedlichsten Typen, sozio-ökonomischen Schichten, Nationalitäten und Altersstufen. Die Probleme der Gegenwart scheinen für einen Moment weit weg. Ich bin verführt vom Charme der alten Welt.

Es ist jedoch nicht die alte Welt, für die ich nach Nizza gekommen bin. Um diese Zuckerbäcker-Welt, in der Macht und Privilegien als von Gottes Gnaden betrachtet und mit einer dicken Schicht Stuck verbrämt wurden, geht es mir heute nicht. Eine Welt, in der es Menschen gab wie den belgischen König Leopold II., der im Kongo Verbrechen gegen die Menschheit in Form von Zwangsarbeit, Folter, Ermordungen und Verstümmelungen verantwortete, während er in seiner Villa *Les Cèdres* am Cap Ferrat, östlich von Nizza weilte und täglich schwimmen ging (seinen riesigen Bart in einer Gummihülle verpackt, eben jenem Rohstoff, für den die Menschen im Kongo so viel Leid ertragen mussten). Einer seiner Nachfolger, der mittlerweile abgedankte Vorgänger des jetzigen Königs von Belgien, hat übrigens auch eine Villa an der Côte d'Azur. Ein Bekannter von mir kümmert sich um dessen Pool. Zur allgemeinen Überraschung hält er die Stellung nun schon länger als ein Jahr. Sein Arbeitgeber legt viel Wert auf perfekte Wasserqualität. Das 19. Jahrhundert existiert an der Côte d'Azur eben nicht nur in der Architektur weiter. Aber heute ist das nicht mein Thema. Nein, der Mann, nach dessen Spuren ich suche, wollte mit alldem brechen. Er war einer der bedeutendsten Vorboten der Neuzeit. Nicht so sehr Prophet als Bilderwerfer des 20. Jahrhunderts. Dem Jahrhundert, das der Historiker Eric Hobsbawm rückblickend als »Zeitalter der Extreme« bezeichnen sollte. Ein Jahrhundert, das sich sowohl in seinen schönsten wie auch seinen schrecklichsten Auswirkungen hier an das Côte d'Azur zeigen würde. Er war der Mann, der in vieler Hinsicht uns Menschen der Moderne mit all unseren bipolaren Abgründen und Höhenflügen vorausgeahnt, ja in gewisser Weise den Weg bereitet hat. Die Rede ist von Friedrich Nietzsche.

Als Nietzsche am 2. Dezember 1883 in Nizza aus dem Zug stieg, befand er sich an einem schwierigen Punkt in seinem

Leben. Der 1844 geborene Pfarrerssohn wurde schon seit Jahren von Migräneanfällen geplagt. Nach seinem Studium der Theologie und klassischen Philologie, bei dem er das damals eher obskure Werk des Philosophen Arthur Schopenhauers für sich entdeckte und sich für dessen Buch *Die Welt als Wille und Vorstellung* begeisterte, war er mit seinen Büchern und Veröffentlichungen nur auf geringes öffentliches Interesse gestoßen. Noch nicht einmal 40 Jahre alt, hatte sein Augenlicht stark nachgelassen, und oft waren seine Schmerzen so entsetzlich, dass er sogar Selbstmord in Betracht gezogen hatte. Seine Liebe zu der intelligenten wie schönen Lou von Salomé war zurückgewiesen worden und seine Freundschaft zu Richard Wagner zerbrochen – nicht zuletzt, weil der Komponist ihn vor der versammelten Gesellschaft seines Opernwallfahrtsorts Bayreuth erniedrigt hatte. Anlässlich der Premiere von Wagners Oper *Parsifal* war nämlich bekannt geworden, dass Wagner glaubte, dass der Grund für Nietzsches ständige Kopfschmerzen darin liege, dass dieser zu viel masturbiere. Der erfolglose Philosoph war zum Gespött gemacht worden, und das auch noch vor seiner angebeteten Lou von Salomé. Mit anderen Worten, Nietzsche hatte gute Gründe für eine ausgewachsene *Midlife Crisis*. Doch anstatt in den Sümpfen des nordeuropäischen Schneematschs und anderen bemitleidungswürdigen Zuständen zu versinken, machte er sich auf den Weg an die Côte d'Azur. Bei Lebenskrisen, gerade im Winter, meiner Meinung nach immer eine gute Idee. Da Nietzsche im Gegensatz zu den anderen *hivernants* knapp bei Kasse war, machte er sich nach seiner Ankunft auf den Weg zum alten Hafen und mietete sich dort ein äußerst bescheidenes und vor allen Dingen billiges Zimmer. Zwar zog er kurz darauf in die Pension de Genève in der Nähe des Bahnhofs, doch hier an diesem Mehrfamilienhaus im alten Hafen befindet sich eine Gedenktafel mit Nietzsches Bildnis.

Die Gegend um den alten Hafen ist auch heute noch im Vergleich zu anderen Teilen des alten Stadtkerns wenig glamourös. Hier findet man keine verschnörkelten Zuckerbäckerbauten, sondern einfache Wohnhäuser im italienischen Stil. Mehrere hundert Jahre lang hatte Nizza unter ständig wechselnder Herrschaft der italienischen Königshäuser von Savoyen und Piemont-Sardinien sowie der französischen und spanischen Armee gestanden. Erst 1860 wurde Nizza unter der Herrschaft Napoleon III. Frankreich zugesprochen. Ich stehe also vor diesem einfachen Mehrfamilienhaus und schaue auf die Gedenktafel mit einer Plakette von Nietzsches Gesicht mit seinem berühmten Schnurrbart. Von irgendwo höre ich Kinder, die auf einem Pausenhof spielen. Ansonsten ist es still hier. Keine Geschäfte, kaum Verkehr. Die Mittagssonne brütet. Mein Blick wandert die Häuserschluchten hindurch hinunter zum Hafen. Die weißen Türme einer Superyacht überragen eins der Häuserdächer. Mehrere von diesen riesigen weißen Leviathanen liegen hier vor Anker. Ich bin auf dem Hinweg an ihnen vorbeigefahren. Superyachten, die so groß sind, dass man sie fast für ein Kreuzfahrtschiff halten könnte.

Sie gehören zu der gleichen Welt, zu der auch das Rollfeld mit den zahllosen Privatjets gehört, das sich am Ende der Promenade des Anglais befindet.

Noch nie habe ich so viele Privatjets so dicht geparkt gesehen wie während der Hauptsaison am Flughafen von Nizza. Ähnlich wie die Zuckerbäckerwelt des 19. Jahrhunderts, ist es eine Welt des ultimativen Privilegs. Nur eben, dass dieses Privileg meistens nicht gottgegeben, sondern wirtschaftlicher Natur ist. Eine Welt, wo Menschen leben, deren Reichtum sich auf so enorme, ja obszöne Summen beläuft, dass ihre Realität kaum etwas mit der Realität von mindestens 99 Prozent der Menschheit zu tun hat. Und die damit die Grundprinzipien der Französischen Revolution und aller europäischen Demokratien – Freiheit, Gleichheit, Brüderlichkeit – wenn nicht verhöhnen, so doch ad absurdum führen. Sie sind Ausdruck einer globalen Plutokratie, der Herrschaft des Reichtums, der sich auch europäische Nationen immer schwerer entziehen können. Selten bekommen wir diesen extremen Reichtum zu sehen. Privileg hält sich gerne bedeckt, existiert hinter hohen Mauern und abgedunkelten Limousinenfenstern. Was die Côte d'Azur so besonders macht, ist, dass dieser extreme, unsichtbare Reichtum hier in hoher Konzentration durch die Privatjets und vor allem die allgegenwärtigen Superyachten sichtbar wird. Wir sehen die Menschen nicht, die auf den Booten leben, aber wir sehen ihre Riesenspielzeuge. In dem Gebäude, in dem Nietzsche vorübergehend wohnte, befindet sich heute die

Praxis einer Ärztin, die sich auf Schönheitsbehandlungen und Schlafstörungen spezialisiert. Selbstoptimierung trifft da auf innere Anspannungen. Wie ich da so in der Mittagshitze stehe, vor mir die Tafel mit dem schnurrbärtigen Philosophen, daneben das Schild für die Optimierungsärztin, in der Ferne die weißen Riesenschiffe, wird mir ganz schwindelig. Hyperreichtum, existenzielle Verzweiflung und hyperaugmentierte Gesichter in einem perfekten kleinen Nietzsche-Paket. Denn die Milliardäre auf ihren Superyachten ebenso wie die Verzagten, die sich danach sehnen, ein perfekterer Mensch zu sein, sie sind die verzerrten Echos eines Buchs, das Nietzsche hier an der Côte d'Azur vollendete. Ein Buch, das wie kaum eine andere Schrift der Neuzeit zahllose Menschen inspiriert hat und gleichzeitig für politisch-ideologische Zwecke ausgeschlachtet und verzerrt wurde. Es ist die hymnisch-philosophische Erzählung *Also sprach Zarathustra*.

Also sprach Zarathustra handelt von dem persischen Priester und Philosophen Zarathustra, auch Zoroaster genannt, der im ersten oder zweiten Jahrtausend vor Christus gelebt haben soll. Zarathustra gilt als der Philosoph, der erstmals den Gegensatz von Gut und Böse definierte. In Nietzsches Erzählung hat sich dieser Philosoph in eine Höhle auf einen Berg zurückgezogen. Hier ist er zu einer neuen Erkenntnis erlangt: Es gibt kein Gut und Böse mehr. Denn Gott ist tot. Mit dieser frohen Nachricht begibt sich Zarathustra auf den Weg hinab zu den Menschen. Nietzsche macht also den

Erfinder von Gut und Böse zu einem Propheten der Auflösung eben dieses Dualismus. Bei ihm gibt es keine absoluten Wahrheiten mehr. Er betrachtet Gut und Böse ebenso wie Dualismen wie ehrenhaft und niederträchtig, unverdorben und frivol, schicklich und gewöhnlich, barbarisch und zivilisiert, monströs und human als flüchtige soziale Konventionen. Sie verändern sich mit den Zeiten. Eine Tatsache, die an der Côte d'Azur allein schon die wechselnden Standards für Strandbekleidung zu bestätigen scheinen. Während Ende des 19. Jahrhunderts weibliche Nacktheit am Strand noch als Ding der Unmöglichkeit betrachtet wurde, machte der Bürgermeister von Cannes vor einigen Jahren weltweite Schlagzeilen, als er an den öffentlichen Stränden den *Burkini* verbot – also das Badekostüm von strenggläubigen Muslimas, das außer Gesicht und Händen keine nackte Haut zeigt. Was früher die Norm war, ist heute verboten. Empörungswerte verändern sich.

Im Neobiedermeier der sozialen Netzwerke, deren gesamtes Geschäftsmodell auf Polarisierung und damit eben Dualismen beruht, wirkt Nietzsches Denkansatz denn auch immer noch genauso radikal wie im 19. Jahrhundert. Heute ist man entweder für eine Sache oder dagegen. Wir tun uns schwer mit brüchigen Identitäten, mit Widersprüchen und Grauzonen. Für viele von uns hat die Empörung schon lange den Sex ersetzt, und wir geilen uns auf an etwas, von dem wir wissen, dass wir davon keine antibiotika-resistente Gonorrhöe bekommen können. *Also sprach Zarathustra* ist ein Buch in vier Teilen, die Nietzsche in oft nur kürzester Zeit schrieb. Dementsprechend liest sich die Erzählung. Das Buch ist – und das ist gerade angesichts Nietzsches persönlicher Situation erstaunlich – ein lautes »Ja!« zum Leben. Eine Kampfansage gegen den Vampirismus der moralisierenden Gesellschaft. Anstatt sich in sein Schneckenhaus zurückzuziehen und sich in einem Labyrinth aus Groll und Selbstmitleid zu verlieren, zog Nietzsche los und schrieb ein Buch. Er überwand seine Verletzungen, indem er etwas Neues schaffte. Nietzsche selbst sollte nicht mehr erleben, dass dieses Buch zu einem der zentralen philosophischen Texte des 20. Jahrhunderts wurde. Aber im Nachhinein macht es in gewisser Weise Sinn, dass Nietzsche den dritten und vierten Teil von *Also sprach Zarathustra* in Nizza schrieb. Leitet sich der Name dieser als antiker Handelsstützpunkt der Griechen gegründeten Stadt von *Nikaia* ab bzw. von *Nike*. Nizza ist nach der Göttin des Sieges benannt. Wobei Nietzsches posthumer Sieg immense Schattenseiten mit sich trug. Wieder ein Beispiel dafür, wie wenig Kontrolle wir darüber haben, ob wir mit dem, was wir in die Welt tragen, siegen oder nicht. Deswegen kann denn auch der einzige Sieg, der wirklich zählt, nur darin liegen, dass wir uns selbst erobern. Diese Idee stammt zwar von Plato, dem griechischen Philosophen, der rund 2000 Jahre vor Nietzsche lebte, aber letzterer hätte ihm möglicherweise zugestimmt.

Wenn Gott tot ist, dann ist man konfrontiert mit der brennenden Frage: Was nun? Es gibt kein Gut und Böse mehr, alles ist flüchtig und relativ. Ist damit nicht auch alles sinnlos? Ohne Gott sind wir dem Schmerz des Lebens hoffnungslos ausgeliefert. Schließlich ist es ja die Aufgabe von Spiritualität und Religion, dem Schmerz eine Bedeutung zu geben. Die christliche Kirche hat in den letzten Jahrzehnten als Seelsorgeprojekt weitgehend versagt. Statt im Gottesdienst suchen wir Trost und Seelenfrieden im Yogastudio, beim Sport oder beim Einkauf. Das christliche Prinzip der Caritas, also der uneigennützigen Nächstenliebe, leben wir nur noch per Klick auf den sozialen Medien aus, wo wir unsere pseudo-moralischen Haltungen zur Schau stellen und uns – wie früher die scheinheiligen SittlichkeitswächterInnen in der Kirchengemeinde – über Andersdenkende ereifern. Wer muss noch für die Erlösung der Seele beten, wenn es im Biomarkt Schokolade gibt, die Erleuchtung und Liebe verspricht? Durch den Tod Gottes – laut Nietzsche haben wir ihn umgebracht – ist ein Vakuum entstanden, das der Individualismus der Konsumgesellschaft zu füllen sucht. Wir sollen unsere eigenen Götter sein und ihnen mit unseren Kreditkarten huldigen. Aber funktioniert das? Viele von uns sind dauerempört, ja, wütend, verzweifelt, wie verlassene Kinder. Andere reagieren mit religiösem Fanatismus. Die Bedrohung, die von der möglichen Nichtexistenz Gottes und damit einhergehenden Sinnlosigkeit ausgeht, ist so groß, dass sie sie mit aller Kraft niederschreien oder – wie bei dem islamistischen Terroranschlag am 14. Juli 2016 auf der Promenade des Anglais in Nizza, bei dem 86 Menschen starben und mehr als 400 verletzt wurden – durch Mord eliminieren wollen. Religionen vertagen den Sinn des Lebens gern ins Jenseits. Dort soll angeblich Erfüllung auf einen warten. In *Also sprach Zarathustra* bricht Nietzsche mit alldem. Der Sinn des Lebens, er besteht für ihn darin, das Leben mit all seinem Schmerz ebenso wie seiner Lust zu bejahen. Sich nicht in den Geist zu flüchten, sondern im Hier und Jetzt unsere Körper zu fühlen. Ein dionysisches Dasein. In Sachen Körperlichkeit passt *Zarathustra* denn auch perfekt an die Côte d'Azur. Denn nicht nur, dass hier sehr viel Rosé getrunken, Berge von Meeresfrüchten verspeist und in den Luxusboutiquen von Monaco, Cannes und Saint-Tropez dem Delirium der materiellen Welt gefrönt wird. An der Côte d'Azur verweilte in den 1920er Jahren auch die Modedesignerin Gabrielle »Coco« Chanel auf der Yacht ihres immens reichen Liebhabers, dem Herzog von Westminster. Braun gebrannt kehrte sie danach nach Paris zurück und löste eine Moderevolution aus. Plötzlich galt braune Haut als Inbegriff von Luxus und Eleganz. Es war also hier, unter dem gleißend blauen Himmel der Côte d'Azur, dass der Körperkult der Sonnenanbeter geboren wurde. Die nackte Haut der Sonne stunden-, ja tagelang zum Bräunen darzubieten, den Körper in Öl einzureiben und damit den Strand entlang zu spazieren – also das öffentliche Zeigen des eigenen Körpers –, dass das der Inbegriff von Urlaub ist, auch dieses Konzept können wir an die Côte d'Azur zurückverfolgen. Der Körper wurde nicht länger verneint oder mit Scham versteckt, sondern in den Mittelpunkt gerückt. Und mit dem Körper war es das Ich, das Individuum, das – ob bei Nietzsche oder Chanel und allen Modemacherinnen und Modemachern, die nach ihr kamen – nunmehr im Fokus stand.

Ich persönlich bin kein großer Fan von Stränden. Mir ist das zu heiß, zu sandig, und ständig mache ich mir Sorgen, dass ich mir die Haut verbrenne. In meiner Sonnenbrand-Paranoia fange ich an, mich spätestens zwei Minuten, nachdem ich mich auf der Strandliege eingerichtet habe, wieder einzucremen. Was dazu führt, dass innerhalb kürzester Zeit überall Sand an mir klebt und pikst. Aus lauter Verzweiflung gehe ich ins Wasser, wo ich argwöhnisch nach Quallen, Algen, Kondomen und sonstigen Seeungeheuern Ausschau halte. Nach wenigen Minuten bin ich davon so gestresst, dass ich wieder zurück an den Strand zu meiner Liege gehe, wo das Unglück mit der Sonnencreme wieder von vorne anfängt. Nein, ich bin nicht so wirklich der Strandtyp, und ich will auch nicht braun werden.

Im Gegensatz zu anderen europäischen Küsten sind die Strände der Côte d'Azur eher eng. Die Luxushotels und teuren Strandlokale bieten wie auch in anderen europäischen Strandbädern einen Liegenservice an, bei dem man für einen ganzen oder halben Tag eine Liege mit Sonnenschirm mieten kann und dort auch Getränke und Essen serviert bekommt. Doch sowohl in den teuren als auch den günstigeren Strandetablissements, wie es sie am weniger glamourösen Ende von Cannes in der Nähe meiner Wohnung gibt, stehen die Liegen dicht an dicht. Wer unbedingt am Strand liegen und sich bräunen will, den wird das nicht stören. Es gibt auch öffentliche Strände ohne Liegenservice, wo ich früh morgens oder abends nach dem Schreiben hingehe. Hier spielen Teenager Volleyball, Rentnerinnen mit rot lackierten Nägeln braten in der Sonne und bekakeln dabei die Welt im Allgemeinen und die europäischen Königshäuser im Spezifischen. Französische Kindergärten stecken kleine Exerzierplätze ab, wo mit großer Strenge den Kleinkindern Sandburgenbauen beigebracht wird. Wirklich alles sehr nett. Aber ich halte es dort nicht länger als eine halbe Stunde aus. Trotzdem habe ich deswegen nicht das Gefühl, einen wichtigen Aspekt des lokalen Lebens zu verpassen. Das Gute an der Côte d'Azur ist, dass sich hier nicht alles nur um den Strand dreht. Hier gibt es so viele Möglichkeiten zur Entspannung oder zum Amüsement, dass man ohne jegliche Versäumnisangst das Meer einfach nur beobachten kann, ohne sich verpflichtet zu fühlen, darin zu schwimmen.

In der Nähe von Èze, einem Ort zwischen Nizza und Monaco, wo heute der Popsänger Bono von U2 ein Anwesen besitzt – ich habe gehört, er baut dort Olivenöl an, aber dabei mag es sich auch um ein böses Gerücht handeln –, befindet sich ein Wanderpfad, den Nietzsche entlanggegangen sein soll, als er an *Also sprach Zarathustra* arbeitete. Er heißt daher *Chemin de Nietzsche*. Der Weg ist auch heute immer noch steinig und unwegsam. Es dauert ungefähr eine Stunde, ihn zu erklimmen. Am Ende wartet auf die Wandernden ein wunderschöner Ausblick auf die blaue Bucht von Èze. Wenn man dort oben steht, spannt sich über einem die Weite des Himmels, und es weht oft ein samtiger Wind, der die Hitze erträglich macht. Nietzsche beschreibt im dritten Teil des Buchs denn auch, wie Zarathustra einen Bergrücken besteigt, oben angekommen das Meer vor ihm ausgebreitet sieht und dort lange stillsteht und schweigt. Erfüllt von existenzieller Trauer erkennt er schließlich sein Schicksal und erklärt, er sei bereit, es anzunehmen. Wenn man heute an dem Punkt steht, an dem Nietzsche bzw. Zarathustra damals gestanden haben muss, dann befindet sich hinter einem – wie damals – das mittelalterliche Dorf Èze. Heute ist der Ort perfekt durchrenoviert und wirkt wie ein 3-D-Katalog für Olivenöl und Lavendelseife. Ein mediterranes Disneyland für die Bourgeoisie. Wahnsinnig hübsch, aber ein bisschen zu sauber. Dem einzigen Schicksal, dem man sich hier stellen muss, sind die Restaurantpreise und der Mangel an Parkplätzen. Zur Rechten befindet sich ein schwarz metallenes Eisentor, das sich elektronisch gesteuert wie von Geisterhand öffnet und schließt. Schwarze Limousinen mit verdunkelten Fenstern verschwinden lautlos dahinter. Auch eine Form der andächtigen Stille, die hier gewahrt wird. Das Tor führt zu einem Luxushotel und ist damit ein Portal in eine Welt, in der existenzielle Trauer abgeschafft ist. Wer hierherkommt, hat die kapitalistische Version dessen erreicht, was Nietzsche als das Ziel definiert, das das Streben nach Gott ersetzen soll. Ein Geisteszustand beziehungsweise ein Kulturideal, welches Nietzsche als den Sinn alles menschlichen Seins bezeichnet: den Übermensch.

Der Mensch, so Nietzsche, ist nichts anderes als ein Übergangszustand vom Tier zum Übermenschen. Um zum Übermenschen zu werden, muss man sein Menschsein hinter sich lassen. Der Mensch muss als Mensch untergehen, um als Übermensch wiedergeboren zu werden. Womit wir jetzt endlich beim heißen Brei angekommen wären. Bei dem Ausdruck Übermensch denke ich zunächst einmal an blonde Fackelträger in braunen Hemden und keulenschwingende Mädchen in Turnleibchen. Und dann natürlich in bitterer Konsequenz an die Millionen von Menschen, die in den Konzentrationslagern der deutschen Nazi-Herrschaft ermordet wurden. In der deutschen Geschichte ist das Wort »über« ein höchst problematischer Begriff. Und ich rede hier nicht von irgendwelchen Taxi-Apps. Das liegt unter anderem daran, dass sich bei Nietzsche keine genaue Definition des Übermenschen finden lässt. So konnten seine Philosophie und die von ihm geprägten Begriffe von Nazi-IdeologInnen annektiert und für deren Zwecke missbraucht werden. Durch diesen Kontext bleibt der »Übermensch« ein problematischer Begriff, der aber perfekt dazu geeignet ist, ein Phänomen zu beschreiben, das besonders an der Côte d'Azur ins Auge sticht. Hier kann man sie beobachten, die winzige Gruppe an Superreichen, die mit ihrer ständig wachsenden wirtschaftlichen, sozialen und kulturellen Macht den Rest der Menschheit scheinbar hinter sich gelassen haben. Einer dieser Superreichen zu sein, fühlt sich an »als wärst du ein Superheld, nur besser. Der Staat kann dir nichts anhaben. Du bist unantastbar. Dabei trägst du auch ein Superhelden-Outfit. Nur eben ist es von Armani, und du siehst darin nicht aus wie ein Vollidiot«, erklärt die von Matthew Macfadyen gespielte Figur Tom Wambsgans in der HBO-Fernsehserie *Succession*. Diese Armani-Superhelden sind die nicht demokratisch gewählten MachtinhaberInnen in einer Welt der wirtschaftlichen Abhängigkeitsverhältnisse. Einem Neo-Feudalismus, bei dem Individuen sich nicht so sehr als BürgerInnen mit Rechten und Pflichten definieren – dabei vor allem dem im deutschen Grundgesetz verankerten *Eigentum verpflichtet* –, sondern vielmehr durch ihre finanzielle Kaufkraft beziehungsweise den Mangel derer. Dazu kommt noch, dass, wie in unseren Demokratien politische Diskussionen geführt werden, wie Wahlen stattfinden, wie wir unsere persönlichen Realitäten empfinden, wovor wir Angst haben, wovon wir uns abgrenzen möchten – all das wird zunehmend von den nicht regulierten Algorithmen der sozialen Medien beziehungsweise einer Handvoll von Tech-Milliardären beeinflusst. Auch sie gehören zu den Armani-Superhelden, die mit Vorliebe auf ihren Superyachten die Côte d'Azur entlangschippern. Es birgt eine gewisse Ironie, dass der fast bettelarme Nietzsche an demselben Ort ein Konzept zur Vollendung brachte, wo es heute von den vermeintlichen Übermenschen des digitalen Turbokapitalismus wieder einmal fehlinterpretiert wird.

You're going to need a bigger boat.
ROY SCHEIDER, DER WEISSE HAI

Wer heute den Nietzsche-Pfad hinaufsteigt und oben angekommen auf die Bucht hinunterblickt, der wird während der Hauptsaison aller Wahrscheinlichkeit nach kein reines Blau mehr zu sehen bekommen, sondern einen Horizont, der von weißen Punkten überzogen ist. Den Superyachten. Als Superyacht werden Yachten bezeichnet, die mindestens 30 Meter lang sind. Mittlerweile unterscheidet man auch zwischen Megayachten (ab 50 Meter) und Gigayachten (ab 80 Meter). Laut Gregory Salle in seinem Buch *Superyachten* fahren in der Sommersaison von April bis September zwei Drittel der weltweiten Superyacht-Flotte ans Mittelmeer. Dabei wird die Strecke im Bereich zwischen Saint-Tropez, Monaco, Antibes sowie Cannes und Nizza als »Milk Run« bezeichnet. Diese Gegend ist das Gravitationszentrum der Superyachten-Welt. Die *Worldwide Yachting Association* hat denn auch ihren Sitz an der

Côte d'Azur, in Saint-Laurent-du-Var. Einmal im Jahr findet seit mehr als 30 Jahren im Hafen von Monte-Carlo die *Monaco Yacht Show* statt, eine Messe für Superyachten. Es ist ein Spektakel der Schiff gewordenen Superlative, denn trotz der Finanzkrise von 2008 und der Pandemie von 2020 bis 2022 floriert die Superyachten-Industrie. Ende 2021, so Salle, wurden über 1000 Superyachten in Auftrag gegeben, während gleichzeitig fast 900 verkauft worden waren. Derzeit wird der Markt auf 25 Milliarden Dollar geschätzt. Während der *Monaco Yacht Show* schaukelt so viel Geld in Monacos *Port Hercule,* alles sehr sichtbar und unverhohlen, dass ich das Gefühl habe, mit einem 600-Euro-Tages-Ticket einen anderen Planeten zu betreten. Einem Planeten, wo größer und teurer immer auch besser bedeutet. Hier reiht sich ein gigantischer Bug an den anderen. Manche Boote sehen aus wie schwimmende Shoppingmalls, andere wie Kriegsschiffe mit Glitzereffekt. Doch so teuer die hier ausgestellten Superyachten auch sind, einige von ihnen um die 70 Millionen Dollar, ist das alles nur Kleinvieh im Vergleich zu den wirklichen Superyachten, von denen einige Hunderte von Millionen Dollar wert sind und nicht einfach so auf einer Messe angeboten werden. Sie werden in speziellen Werften nach den genauen Vorstellungen ihrer Auftraggeber hergestellt. Auf der *Monaco Yacht Show* gibt es denn auch Stände, auf denen Schiffsmodelle mit Heliport sowie einer Helikoptergarage zu sehen sind. Letztere ist so groß, dass die Flügel der Rotoren nicht eingefahren werden müssen. Auf diesen Superyachten ist natürlich auch Platz für die unterschiedlichsten Motorboote sowie kleine U-Boote. Es sind die Bootsdesigner und Innenausstatter dieser Yachten, die sich diese Messestände anschauen, um dann ihren milliardenschweren Kunden Entwürfe zu liefern. Darunter auch Stände von Firmen, die nur goldene Waschbecken herstellen oder riesige, von innen beleuchtete Kristallskulpturen, die aussehen, als entstammten sie Neon-Versionen von Tolkiens *Herr der Ringe*. Nicht unbedingt dezent geht es auch bei den Ausstellern von Wandverkleidungen zu. An dem schockpinken Stand eines italienischen Herstellers wurden rosamoussierende Wandteppiche gezeigt, die an riesige Petrischalen mit Bakterien von sexuell übertragenen Infektionen erinnerten. Im trauten Verborgenen einer Superyacht braucht man sich um die Design-Polizei keine Sorgen machen. Wer sich eine Superyacht leisten kann, hat die bourgeoise Schallmauer des guten Geschmacks schon lange durchbrochen. Schwebt in einem wertefreien Raum jenseits von Gut und Böse. Eine der bekanntesten Yachten dieser Superlative mit einer Länge von 113 Metern ist übrigens *Le Grand Bleu,* das große Blau. Sie gehörte früher dem russischen Oligarchen Roman Abramowich, bis dieser sie in einer Wette an den russischen Milliardär Jewgeni Schwidler verlor. Dieses Buch, das sei an dieser Stelle betont, ist aber nicht nach dieser Yacht benannt. Obwohl das vielleicht Sinn machen würde.

Neben VertreterInnen der Yachtindustrie wird die *Monaco Yacht Show* auch von potenziellen KäuferInnen besucht.

Ich hatte gedacht, dass ich als solche auftreten könnte. Hatte extra eine teure Handtasche mitgeschleppt. Doch als Frau allein wird man von den Yacht-VerkäuferInnen nicht ernst genommen. Frauen sind hier entweder Ehefrauen – am besten mit Kleinkind auf dem Arm, um nachhaltige finanzielle Relevanz zu demonstrieren, oder alt genug, dass die Hochzeit wahrscheinlich ohne Ehevertrag vollzogen wurde – Freundinnen beziehungsweise Begleiterinnen, oder aber sie arbeiten auf der Messe als Hostess oder Brokerin. Ich sah zwar die ein oder andere Amerikanerin ohne männliche Begleitung im romantischen Sinne, aber sie waren umgeben von einer Entourage aus AssistentInnen und lakaienhaften Yacht-Maklern mit Perma-Lächeln und Polohemd, die sie in weich besohlten Segelschuhen zu den Booten führten. Während die männlichen Käufer ihre Kugelbäuche unter Leinenhemden durch die Gegend schoben oder ihre rotfaltigen Stiernacken unter Panamahüten versteckten, befanden sich unter ihren Begleiterinnen einige wunderschöne, gazellenartige Wesen, die mit Mona-Lisa-Lächeln in kurzen Shorts oder Minikleidern durch die Gegend schwebten. Die Frauen mit Kleinkindern dagegen waren meist kleiner als ihre männlichen Partner und definitiv schlechter gelaunt. Um irgendwie in das dortige Wertesystem zu passen, begann ich mit den Hostessen nicht über »mich« sondern »uns« zu reden bzw. »wir« statt »ich« zu sagen. Nur als Ehefrau, die im Auftrag ihres Mannes Erkundungen durchführt, war ich in Monaco der Rede wert. So ließ ich mir denn erklären, warum es absolut Sinn macht, dass eine spezielle Superyacht-Matratze mehr als hunderttausend Euro kostet. Und ein wirklich sehr netter alter Herr zeigte mir ein spezielles Hydrauliksystem, mit dem man nicht nur Betten stabilisieren kann, sondern auch Weinschränke und Billardtische. Egal wie hoch der Seegang, die Billardplatte bleibt flach. Wer zur Seekrankheit neigt, kann sich einfach drauflegen. Ich musste bei dem Gedanken an das Boot denken, mit dem in der griechischen Mythologie der düstere Fährmann Charon die Toten über den Fluss des Vergessens in das Reich des Hades, die Unterwelt, bringt. Auf diesem Boot bewegt sich auch nichts. Alles ist still. Und wie in Monaco liegt auf den Augen der Toten Geld. Denn der Fährmann will bezahlt werden.

Die Superyachten sind Manifestation einer eskalierenden wirtschaftlichen Ungleichheit zwischen der globalen Mehrheit und einer winzigen Minderheit. Für diese Minderheit fungieren Superyachten oft als ultimative Statussymbole. So sehr diese Minderheit in ihrem Alltag auch auf Geld und das Generieren von Reichtum fixiert scheint und das Nachdenken über die Gefühle anderer als Schwäche empfinden mag, so wollen ihre Vertreter offensichtlich doch Applaus und Anerkennung. So misanthropisch ihr Weltbild auch sein mag, völlig egal sind ihnen die anderen wohl doch nicht. Für diesen Widerspruch bietet eine Superyacht die perfekte Lösung. Ein großes Boot macht Eindruck, und gleichzeitig zeigt man damit all den Menschen den Finger, die einen vorher sowieso nicht interessiert haben. Außerdem funktionieren Superyachten als schwimmende Privatinseln – sichere Rückzugsorte, die wie Luxushotels ausgestattet sind, in denen ihre BesitzerInnen vor potenziellen AttentäterInnen, EntführerInnen und Paparazzi geschützt sind. Reichtum und Macht auf diesem Level bedeutet vor allem ein Sicherheitsrisiko, das in einem öffentlichen Hotel, aber auch in einer Villa so viel größer wäre. Eine Superyacht, das ist auch ein kleines Königreich, und wer sie besitzt, der herrscht dort auch. Eine befreundete Physiotherapeutin wird oft auf diese Superyachten geladen, um dort die PassagierInnen zu massieren. Immer wieder wird sie gefragt, ob sie nicht mehrere Wochen lang mit ihren KundInnen durch das Mittelmeer schippern und dabei jederzeit auf Abruf bereitstehen will. Der Arbeitsaufwand wäre gering, denn wenn sie manchmal für mehrere Tage gebucht wird, kann es vorkommen, dass sie nur eine oder zwei Personen behandeln muss. Aber länger auf so einer Yacht zu arbeiten, würde bedeuten, dass sie wochenlang wartend auf einem Schiff verbringen würde, in einer unsichtbaren Welt, ihren ArbeitgeberInnen völlig ausgeliefert. Bisher hat sie die sehr lukrativen Angebote, auf einem dieser schwimmenden Königreiche anzuheuern, immer ausgeschlagen.

Die *Monaco Yacht Show* zieht viele Besucher in den Zwergenstaat. Im Fernsehen wird darüber berichtet, der Reichtum wird bestaunt. Auch sonst werden die Superyachten gern von Touristen fotografiert. Wir stellen uns davor und machen Selfies vor ihnen, wenn wir sie im Hafen von

Cannes oder Saint-Tropez liegen sehen. Man kann nach den Booten im Internet suchen, als wären sie keine Gegenstände, sondern prominente Personen. Diese Schiffe sind wie Stars. Die Ungleichheit und das extreme Privileg, die sie verkörpern, werden nicht ignoriert, sondern gefeiert. Wir leben schließlich im Kapitalismus, und da gibt es eben Reiche und weniger Reiche. Es steht den weniger Reichen frei, die Statussymbole und Riesenspielzeuge der Reichen zu bewundern und zu bejubeln. Nur im Kommunismus galt Eigentum als Diebstahl, und das hat ja nun mal überhaupt nicht funktioniert. Trotzdem erklärte die jetzt so gar nicht kommunistische *New York Times* in einem Artikel von Joe Fassler vom April 2023, dass diese Superyachten immer mehr aussehen wie Diebstahl. Weil sie uns nämlich Zeit stehlen. Laut Fassler beläuft sich die weltweite Flotte der Superyachten auf etwa 5500 Schiffe. 300 dieser Boote stoßen 315 000 Tonnen Kohlendioxid pro Jahr aus. Ein 60 Meter langes Boot, so die *New York Times*, verbraucht im Stillzustand etwa 500 Liter Diesel pro Stunde, allein nur um die Strom-Generatoren zu betreiben. Auf der Yachten-Messe von Monaco hatte Siemens Energy zwar einen kleinen Stand, auf dem Methanol-Module verkauft werden sollten, mit denen zumindest bei Stillstand die Boote mit Energie versorgt werden können, aber das allgemeine Interesse daran schien eher gering. Wenn so ein Schiff unterwegs ist, kann es 8330 Liter Diesel pro 100 nautische Meilen (185 Kilometer) verbrauchen. Ungefähr doppelt bis dreifach so viel wird gern mal verbrannt, wenn eine Superyacht zum Mittagessen von Cannes nach Korsika fährt – natürlich in einem Tempo, dass man zum Sundowner wieder zu Hause ist. Welche Emissionen man dabei verursacht, scheint kaum jemanden zu interessieren. Nicht einmal KlimaaktivistInnen, denn zu meiner Überraschung habe ich davon in Monaco keine gesehen. In England gibt es derzeit ein kleines Start-Up-Unternehmen, das jede Superyacht mit einer kleinen Flotte von Katamaranen ausstatten will, auf denen Windturbinen installiert sind. Diese sollen eine Superyacht mit sauberer Energie versorgen. Das würde aber auch bedeuten, dass jede Superyacht ein Vielfaches an Platz auf dem Meer beanspruchen würde. Die Idee, dass man ja auch einfach segeln könnte und sich anstatt einer gigantischen Dieselschleuder einen Drei- oder Viermaster zulegt, darauf scheint niemand zu kommen. Vielleicht weil dann die Stabilisatoren in den Billardplatten nicht mehr ausreichen würden. Es gibt neben Privatjets, die im Jahr 2016 für 37 Millionen Tonnen Karbondioxid verantwortlich waren (Tendenz steigend), keine umweltschädlichere Fortbewegungsform als Superyachten. Nun könnte man, wie es manche Politiker tun, argumentieren, dass das alles kleine Summen sind im Vergleich zu den Emissionen der Großindustrie. Dass die Arbeitsplätze, die diese Yachten generieren, die Kosten für die Allgemeinheit ausgleichen, die sie durch ihre Umweltschädlichkeit erzeugen. Aber Salle legt in seinem Buch *Superyachten* dar, wie relativ gering die Zahl der Arbeitsplätze ist, die von der Superyachten-Industrie abhängig sind. Und so unwahrscheinlich auch die Vorstellung ist, dass alle Superyachten-Besitzer auf Segelschiffe umsteigen, ein Drei- oder Viermaster ist wesentlich aufwendiger in der Herstellung und braucht eine größere Crew und mehr Pflege, generiert also wesentlich mehr Arbeitsplätze als eine 120 Meter lange Superyacht. Dazu kommt noch das symbolische Element. Es macht so gar keine Lust auf Joghurtbecher recyceln, wenn man bei jedem Blick aufs Meer diese Emissionsschleudern vorbeiziehen sieht. *Fuck it*, sage ich mir, wenn ich auf der Küstenstraße von Cannes nach Antibes die riesigen weißen Boote im Wasser dümpeln sehe. Dann mache ich in schwachen Momenten das Autofenster auf und die Klimaanlage an.

Aber diese Superyachten gehören nun mal zu Cannes und zur Côte d'Azur. Wenn sie mich so stören, warum fahre ich dann überhaupt noch dorthin? Ich könnte meine Zeit doch auch auf einem Biobauernhof in den Alpen verbringen. Da könnte ich dann ungestört Müll trennen und wäre umgeben von Menschen, die alles richtig machen. Die Antwort ist klar: Ich würde mich dort entsetzlich langweilen. Mich fasziniert dieses obszöne Spektakel der Schamlosigkeit, das die Karbondioxid-Übermenschen hier veranstalten. Schließlich lebe ich in München, ich habe eine Affinität zur Schamlosigkeit, zum Barocken. Während bei anderen Luxusobjekten wie Autos oder auch Immobilien irgendwann ein Maximum erreicht ist, gibt es bei Superyachten kein Limit nach oben. Warum nicht zwei Heliports statt einem? Warum keine Garage für den Ferrari *und* den Lamborghini?

Mehr geht immer. Das Schlimmste, was passieren kann, ist, dass die Nachbarn eine fünf Meter längere Yacht haben könnten. Dann bleibt nur eins: verkaufen und eine zehn Meter längere Yacht kaufen. Was sich einem hier an den Häfen der Côte d'Azur bietet, ist Reichtums-Pornografie, nur eben nicht auf Instagram, sondern im echten Leben. Das ist die real gelebte Dystopie. Das Boot gewordene Äquivalent eines Gangsterfilms, bei dem die schweren Jungs mit ihren dicken Goldketten und aufgespritzten Muskeln protzen. Natürlich ist das alles andere als geschmackvoll und moralisch absolut verwerflich. Aber genau weil es etwas Verbotenes hat, schaue ich halt hin. Es ist der Inbegriff von Voyeurismus. All diese gigantischen Boote, deren Bewohner ich nie zu sehen bekomme, sie lösen in mir die gleichen Phantasien aus wie der Pool des Nachbarhauses. Narrative des Exzesses. Ja, auf dem Biobauernhof könnte ich die Augen vor ihnen verschließen und auf meinem hohen Ross in eine heile Phantasiewelt davonreiten. Aber damit würde ich eben auch die Realitäten unserer Gesellschaft mit all ihren Extremen, ihren Gegensätzen und Widersprüchen ignorieren. Der Biobauernhof ist genauso eskapistisch wie die Superyacht. Nur der moralische Anspruch ist ein anderer.

In den Yacht-Häfen der Côte d'Azur sind wir diejenigen, die sich machtlos fühlen angesichts der Geldparade, die da ohne Rücksicht auf Umwelt oder Dekorum im Wasser schwimmt. Hier sind wir es, die sich am unteren Ende des Machtgefälles befinden (ich gehe davon aus, dass alle

Superyachten besitzenden LeserInnen dieses Buch mittlerweile schon in die Ecke geschmissen haben). Doch während wir uns über Superyachten und deren BesitzerInnen empören, vergessen wir leicht, dass nur ein paar Kilometer von den Yachthäfen entfernt Menschen leben, auf die wir hyperprivilegiert wirken. Für die wir ganz oben am Machtgefälle stehen und sie selbst unten. Allein dadurch, dass wir einen Pass, Wohnraum und eine Arbeitsberechtigung besitzen. In den Bergen zwischen der französisch-italienischen Grenze, wo Nietzsche wandern ging und über Zarathustra nachdachte, befindet sich Ventimiglia, die erste italienische Stadt auf dem Weg von Nizza nach Genua. Hier kommen jeden Tag rund 100 Flüchtlinge aus Westafrika an, die hoffen, von hier aus nach Frankreich einzureisen. Frankreich ist für sie das verheißene Land. Das Paradies, wo sie Sicherheit, Glück und eine Form von Wohlstand zu finden hoffen. Sie sind Teil der riesigen Transformation – ähnlich der des Zweiten Weltkriegs oder der Reformation des frühen 16. Jahrhunderts –, die der europäische Kontinent gerade durchlebt. Während die europäische Bevölkerung immer älter wird und die Geburtenzahlen fallen, steigen die Einwandererzahlen. Menschen flüchten aus ihren Heimatländern in Afrika und Asien, sei es auf Grund von kollabierenden Ökosystemen, politischer Gefahrenlage oder weil sie auf eine bessere ökonomische Zukunft hoffen. Europa ist keine Insel, die abgekapselt vom Weltgeschehen existiert. Wir sind Teil globaler Realitäten. Insbesondere populistische Parteien vergessen das gern. An der Côte d'Azur sind die Schreihälse stark vertreten, die mit Lügen und Vereinfachungen den Weg durch dieses Zeitalter der extremen Umwälzungen zu bahnen suchen. Immer wieder hat hier das bürgerlich-demokratische Lager hart zu kämpfen, um sich gegen die rechtsextreme *Front National*-Partei von Marine Le Pen zu behaupten. Dabei tun die Populisten nichts anderes als die Leute auf ihren Superyachten: Sie schippern vorbei an der Realität und ignorieren die Tatsache, dass neue Zeiten auf uns zukommen.

Checkmate
Bikini

A sunny place for shady people.
SOMERSET MAUGHAM

Wer über die Côte d'Azur schreibt, kommt nicht umhin, auch Monaco zu erwähnen. Also dachte ich, dass es für dieses Buch wieder einmal an der Zeit sei, mich auf die etwa einstündige Fahrt im Bummelzug dorthin zu begeben. Monaco hatte mich nie wirklich interessiert. Sein Casino ist zwar weltberühmt und hat sich sein Belle-Epoque-Interior bewahrt, aber die Geldautomaten blinken hier genauso bunt wie anderswo. Auch der Teppichboden in der großen Halle mit den zwei erleuchteten Bars und den Roulette- und Black-Jack-Tischen, ist genauso trübe und glanzlos wie in anderen Casinos. Ich finde Casinos sehr schnell sehr langweilig, weil ich ungerne verliere. Schon bei zehn Euro ärgert es mich, dass das Geld von einer Sekunde zur anderen verschwunden ist. Hätte ich es doch lieber der Barfrau als Trinkgeld gegeben. Diesen Ärger kann auch kein Gewinn wettmachen. Ebenso wenig interessieren mich die Klatschgeschichten über die monegassische Fürstenfamilie, die wie das Casino das Außenbild Monacos prägen. Warum ich mich mit dem Privatleben von irgendwelchen Leuten beschäftigen soll, die Phantasieuniformen tragen oder nichtdemokratische Regierungsformen verkörpern, verstehe ich nicht. Meine einzige interessante Begegnung mit einer Monegassin fand auch gar nicht in Monaco selbst, sondern in London statt. Es war vor vielen Jahren bei einem Abendessen mit einem recht bekannten afro-amerikanischen Musiker. Er hatte eine afro-amerikanische Freundin eingeladen, die mit ihrem Mann nach Monaco gezogen war. Eine sehr elegante, eher konservativ gekleidete Person, die sich kerzengerade hielt und sich kaum bewegte. Nur ab und zu legte sie den Kopf ein wenig schief, wenn sie ihrem Gegenüber zuhörte. Etwas Majestätisches ging von ihr aus. Wie sie so neben dem Musiker mit seinen langen Dreadlocks saß, sahen die beiden aus wie ein Hohepriester-Paar. Ich weiß nicht mehr, wie wir darauf zu sprechen kamen, aber sie erzählte mir plötzlich von einem Buch, das ich mir unbedingt besorgen solle. *Das Kybalion.* Sie nannte mir auch den Buchladen, wo ich es finden würde. Also ging ich in der darauffolgenden Woche los und war überrascht, dass es sich bei dem Laden um Großbritanniens größte Esoterik-Buchhandlung handelte mit einer speziellen Abteilung für schwarze Magie im Keller. Dort fand ich auch *Das Kybalion,* ein in Leder gebundenes Buch über »hermetische Philosophie«. Ein schwer durchdringbarer, schwülstig geschriebener Text über die Lebensphilosophie, dass alles in unseren

Gedanken existiert. Das Universum ist Geist. Alles ist miteinander verbunden. Das war jetzt nicht so wirklich der große Eureka-Moment meines Lebens. Der eine oder andere Philosoph (hier bedarf es kein Gendern, denn in der Philosophie ging's bisher zu wie auf der Herrentoilette) soll das ja schon mal gesagt haben. Die Monegassin war einfach viel interessanter gewesen als dieses pompöse Buch. Leider hatte ich aber ihren Namen vergessen, und damit war meine Monaco-Verbindung auch schon wieder zu Ende. Dennoch hatte ich seit dieser Begegnung immer das unbestimmte Gefühl, welches sich natürlich nirgendwo bewahrheitete oder auf irgendwelchen Tatsachen beruhte, dass da eine okkulte, heimliche Seite von Monaco existiert. An dem Tag, an dem ich für dieses Buch wieder nach Monaco fahren wollte, war mir Okkultismus allerdings so gar nicht präsent. Ich wollte das Casino besuchen, in dem sich auch die Oper befindet (in Bezug auf den Zusammenhang von Kunst und Kommerz ist man in Monaco sehr ehrlich).

Dort hatte nämlich Nietzsche trotz aller Vorbehalte gegenüber Wagner irgendwann das Vorspiel zu *Parsifal* gehört und war erstaunt gewesen, wie gut es ihm gefiel. Ich wollte mich vor das Casino stellen und mir ausmalen, wie Nietzsche sich damals wohl gefühlt haben musste. Zu meiner Überraschung war der Bummelzug nach Monaco völlig überfüllt. Während neben mir amerikanische Touristen mit großen Kameras vor dem Bauch auf mich niederstarrten und die neben mir sitzende Dame ununterbrochen in ihrer

riesigen Handtasche herumkramte und mit zunehmender Verzweiflung nach etwas suchte, fiel es mir wieder ein: Das große Formel-1-Rennen von Monaco stand bevor. Hatte ich völlig vergessen. Beim großen Formel-1-Grand Prix von Monaco wird der gesamte Zwergenstaat zu einem hochgefährlichen Renn-Parkour umgebaut. Für Formel-1-Fans wohl das höchste der Gefühle. Für mich persönlich wieder so eine von den Sachen wie am Strandliegen – finden viele toll, ich kann's aber nicht nachvollziehen. Vor ein paar Jahren war ich mal auf eine der Zuschauerplattformen beim Grand Prix eingeladen worden und hatte mich entsetzlich gelangweilt. Dass dem nicht unbedingt so sein muss, auch wenn man kein Formel-1-Fan ist, beweist die Geschichte meines alten Freundes Rick. Rick besitzt ein Talent dafür, sich in bizarren, manchmal auch gefährlichen Situationen wiederzufinden. Immer wieder taucht er in fremde Welten ab, und ich mache mir oft Sorgen um ihn. Aber wenn er zurückkommt, hat er meistens etwas zu erzählen. So kam es denn, dass er vor einigen Jahren zu einer privaten Grand-Prix-Viewing Party in Monaco eingeladen wurde. Die Party fand in der Privatwohnung eines Hedgefonds-Managers statt, deren Balkon direkt über die Rennstrecke ragte. Ein Hausangesteller reichte Canapés, der Champagner floss und jedes Mal, wenn sich die Formel-1-Wagen näherten, rief der Besitzer des Apartments seine Gäste auf den kleinen Balkon. Rick war schon etwas gelangweilt von dem sich ewig wiederholenden Aufheulen der Motoren, Vorbeirasen der Autos und engen Gedränge auf dem Balkon.

Er konzentrierte sich lieber darauf, eine maximale Menge an Champagner zu konsumieren. Plötzlich ein lautes Krachen und ein kollektiver Aufschrei auf dem Balkon. Zwei Wagen waren direkt unter dem Balkon miteinander kollidiert. Die Fahrer stiegen sofort nach dem Crash unversehrt aus den Autos und verließen wie geschlagene Gladiatoren die Rennstrecke. Übrig blieben die beiden Autowracks und Trümmerteile, die über die Rennbahn verstreut waren. Sofort begann die Rennstrecken-Crew, die Straße wieder frei zu machen. Ricks Gastgeber kannte offensichtlich den Manager der Crew beim Namen und – hier geht der Vergleich mit dem alten Rom weiter – rief vom Balkon hinab zu ihm auf die Straße, ob er ihm nicht ein paar Trümmerteile nach oben reichen könne. Für seine Kinder. Der Crew-Manager, nennen wir ihn Pierre, kam dem Ansinnen des Gastgebers prompt entgegen, und schon bald wurden Trümmerteile auf den Balkon gehievt. Der Gastgeber flüsterte seinem Hausangestellten etwas ins Ohr. Dieser verschwand kurz und kehrte mit einer Magnum-Flasche Champagner an einem rosafarbenen Seidenband zurück. An dem langen rosa Band wurde die Flasche den Balkon hinab zu Pierre gelassen, der sie dankend entgegennahm. Alle auf dem Balkon applaudierten. Ein halbes Jahr später erhielt Rick einen Anruf von dem Freund, der ihn mit auf diese Party genommen hatte. Ob er sich noch an den Gastgeber von der Formel-1-Party erinnern könne, wollte der Freund wissen. Na klar, so Rick, es kommt ja nicht so oft vor, dass jemand auf seinem Apartment-Balkon so eine perfekte Imperatoren-Pose hinlege. Der Gastgeber, so der Freund, habe sich auf seiner Yacht im Hafen von Monaco erschossen. Es habe sich nämlich herausgestellt, dass er über seinen Hedgefonds Gelder im großen Stil abgezweigt hätte. All sein Geld, es sei gestohlen gewesen. Als ihm die Polizei auf die Schliche gekommen sei, habe er sich eine Kugel durch den Kopf gejagt. Es war der Hausangestellte mit dem rosafarbenen Seidenband, der das Blut seines ehemaligen Arbeitgebers von den weißen Ledersofas der Yacht putzen musste.

Mein eigener Monaco-Besuch würde sicherlich weniger spektakulär ablaufen, davon ging ich aus. Ich hatte nicht vor, irgendwelche Hedgefonds-Manager kennenzulernen, und weiße Ledersofas wollte ich auch vermeiden. Der eigentliche Grand Prix würde erst am Wochenende stattfinden, das Menschengerangel sollte sich also in Grenzen halten. Als ich aus dem Zug stieg und den Bahnhof verließ, merkte ich jedoch, dass die Straßen schon für die Testrennen abgesperrt waren. Motorenlärm heulte durch die engen Straßen. In den schmalen Häuserschluchten von Monaco ist der Motorenlärm besonders laut, denn die Gassen aus Hochhäusern funktionieren wie ein Trichter und verstärken den Lärm. Die Quadratmeterpreise in Monaco sind so enorm, dass sich hier die Luxus-Wohntürme wie innerstädtische Mietskasernen aneinanderdrängen. Das führt dazu, dass, wenn es beim Grand Prix richtig los geht, der gesamte Fels zu dröhnen scheint, auf dem Monaco gebaut ist. Ich lief etwas verwirrt umher von all dem Lärm und den vielen Menschen, die sich durch die Straßen schoben. Da gab es viele halbseiden aussehende Männer mit tiefer Sonnenbräune und weiblicher Begleitung, an deren Körpern kaum noch etwas nicht operiert zu sein schien. Busen, Lippen, Hinterteil – jede Rundung war aufgepolstert. Die orange-braunen Gesichter gefroren im ewigen Sphinx-Lächeln. Aber es gab auch die unsichtbar Reichen, die sich mit der Gravitas der Macht durch die Menge schoben. Begleitet von einem nervös-lächelnd und ständig redenden Betreuer im engen Hemd und noch engerer Stoffhose. Die Unsichtbaren trugen unauffällige Freizeitkleidung von derselben italienischen Luxusmarke, in der auch Wladimir Putin immer wieder fotografiert wird. Und von der es natürlich auch eine Boutique in Monte-Carlo gibt. Auch wenn es mir wie eine Ewigkeit vorkam, weil mich die Hässlichkeit der Wohntürme und die teilweise sehr barock wirkenden Menschen so überwältigten, erreichte ich schnell den Platz, wo sich das Casino befindet. Kurt Tucholsky erwähnte die Fassade des Casinos in seinem satirischen Aufsatz *Riviera* von 1928 und beschreibt darin die angeschickerten Sozialgeräusche und Anzüglichkeiten der vermeintlich feinen Gesellschaft, die sich für ihn in eben dieser Fassade widerspiegelten. Auf dem kurzen Weg vom Bahnhof war mir schon aufgefallen, dass Tucholskys Beschreibung von Monaco auch heute noch zutrifft: »Eine leise, kaum wahrnehmbare Wolke von Inflation zieht durch die Promenaden: in den Augen der Leute liegt ein sanft flackernder Wahnsinn, die Menschen gehen in indifferentem Gleichgewicht einher, die Anziehungskraft der Erde funktioniert hier nicht recht, alles ist so anders, man tut gut daran, seine Uhr festzuhalten.« Ich wollte mich auf eine der Selbstmörderbänke setzen, die in dem winzigen Park vor dem Casino stehen. Hier, unter hohen Palmen, können die Spieler, wenn sie nach einer Nacht am Roulettetisch alles verloren haben, über ihren eigenen Ruin nachdenken. Eine der großen Verliererinnen dieses Casinos war übrigens die spanische Schauspielerin La Belle Otéro, die als prominente Kurtisane von u. a. Kaiser Wilhelm II., dem englischen König Edward VIII. und dem Zaren Nikolaus II. mit Geld und Schmuck überschüttet worden war. So legendär war ihre hypnotische Schönheit, dass die beiden Kuppeln des Carlton Hotels in Cannes ihren Brüsten nachempfunden sein sollen. Otéro hatte sich als reiche Frau an der Côte d'Azur zur Ruhe gesetzt. Doch ihre Spielsucht war so ausgeprägt, dass sie ihr gewaltiges Vermögen verlor und 1965 im Alter von 96 Jahren in Nizza als arme Frau verstarb. Ich stellte mir vor, dass wahrscheinlich auch Nietzsche auf einer dieser Bänke gesessen und über den Verlust seiner Freundschaft mit Wagner nachgedacht hatte. Es ist eine ganz spezielle Zerrissenheit, die sich einstellt, wenn man von einer Person tief enttäuscht ist, und doch immer noch Bewunderung für sie empfindet. Zu den Bänken, geschweige denn zum Casino, kam ich jedoch nicht. Der gesamte Park ebenso wie der Vorplatz des Casinos waren weiträumig abgesperrt, und vor der berüchtigten Fassade war eine Zuschauertribüne aufgebaut worden. Hinter die Absperrungen gelangte man nur mit einem laminierten Pass, den ich wahrscheinlich schon Monate zuvor für sehr viel Geld hätte kaufen müssen. Und so dringend auch meine Mission, die Dichte der Männer mit Ferrari-Baseballcaps und dubiosen Sonnenbrillen war mir einfach zu hoch, als dass ich noch länger in der Nähe des Casinos verweilen wollte.

Die erste Casinolizenz wurde 1856 in Monaco verliehen. 25 Prozent der Einnahmen sollten an die Prinzipalität von Monaco gehen, einschließlich einer Minimum-Garantie, und so die leeren Kassen der Grimaldi-Familie füllen. Die Grimaldis von Monaco sind Teil einer Familie aus Genua. Sie hatten den Felsen von Monaco 1419 erworben. Der Name stammt aus dem Griechischen, und ähnlich wie Nizza, begann der Ort als griechische Kolonie im 6. Jahrhundert. Nachdem es im 19. Jahrhundert immer wieder Proteste gegen die hohen Steuern gegeben hatte, mit denen die Grimaldis Anwohner belegten, sollte nun das Casino Abhilfe schaffen. Der erste Versuch war jedoch ein riesiger Reinfall. Zwar hatte man ein Hotel und Seebad gebaut, sowie für Transport nach Nizza gesorgt, doch der Erfolg blieb aus. Erst 1868, nachdem Monaco dem Protektorat Frankreichs zugesprochen und Monacos Hoheitsgewalt festgelegt worden war, gelang es dem erfahrenen Casinobetreiber François Blanc, der sein Handwerk in Bad Homburg erlernt hatte, das Casino erfolgreich neu zu eröffnen. Mithilfe von Investoren, zu denen auch der später Papst Leo XIII. gehörte, wurde das heutige Casino auf einem bis dahin leer stehenden Hügel gebaut. Die Stadt, die um das Casino entstand, wurde nach dem Prinzregenten von Monaco – Prinz Carlo – Monte-Carlo genannt. Als eben dieser Prinz Carlo 1869 erklärte, dass alle Steuern in Monaco abgeschafft würden, war die Popularität Monacos gesichert. Monaco ist seitdem eine Steueroase und Zufluchtsort für alle die, denen Gesundheitswesen, Rechtsstaatlichkeit, soziales Netz und all die anderen Staatsmechanismen, die mit Steuergeldern finanziert werden, egal sein können. Menschen also, die sich nicht als Teil der allgemeinen Gesellschaft empfinden und für diese auch nicht mit Steuergeldern aufkommen wollen. So ganz egal scheint ihnen der Rest der Menschheit aber dennoch nicht zu sein, denn man sieht an der Côte d'Azur viele elektrische Limousinen mit monegassischen Kennzeichen. Was wieder einmal zu der alten Frage Anlass gibt, ob man mit Konsumentscheidungen wirklich die Welt verbessern kann.

Das Senkblei, das Nietzsche uns in *Also sprach Zarathustra* in die Seele werfen will, »dass ich wisse, wie tief sie sei« – es scheint in Monaco mit den allgegenwärtigen Designerboutiquen, Shoppingmalls und Bling-Paraden der logobedeckten Körper nicht besonders viel Schnur zu beanspruchen. Aber vielleicht irre ich mich da auch. Vielleicht leben unter den steuerflüchtigen Monegassen auch viele Philosophen. Zumindest aber gibt es hier keinen Bedarf für einen Gott. Die Menschen, die hier leben, brauchen keine Angst vor morgen oder dem Jenseits zu haben.

Sie schweben in der – wie der britische Autor J. G. Ballard es ausdrückt – ewigen Konsumgegenwart, in der es keine moralischen Ungewissheiten mehr gibt, denn alles, was hier gut ist, hat einen *Barcode*. Es ist also käuflich. Gott ist auch hier tot, aber in Monaco ist jeder eingeladen, an der Ersatzreligion des globalen Luxus teilzunehmen. In den Designerboutiquen von Monaco werden die identischen Versprechen von Erlösung verkauft wie in Singapur, Tokio, New York, London, München und Düsseldorf. Die Designerlogos, mit denen im Namen dieser Religion T-Shirts, Taschen, Kappen, Schuhe, Jacken, ja manchmal sogar die menschliche Haut in Form von Tattoos überzogen werden, fungieren in diesem Sinne wie tragbare Glaubensbekenntnisse der Selbstaktualisierung durch Konsum. Ich trage Gucci-Loafer (trage ich wirklich), also bin ich. Denn im Logo liegt die Kraft und die Herrlichkeit in Ewigkeit. *Wir danken Ihnen für Ihren Einkauf.*

So ungefähr war mein Geisteszustand, als ich durch Monaco ging und über diese riesige Materialschlacht nachdachte, die mich dort umgab. Meine hochfliegenden Gedanken über Nietzsche und den derzeitigen Zustand unserer Konsumgesellschaft kamen zu einem jähen Ende – ich konnte quasi das laute Quietschen meiner mentalen Bremsen hören, als ich mich plötzlich vor einer Kunstgalerie wiederfand. Geflankt von zwei Designerboutiquen, war es die Art von Kunstgalerie, von der es an der Côte d'Azur viele gibt: sehr bunt, sehr glänzend und gern mal mit blinkenden

Neonschriften. Aber vor allen Dingen sehr teuer. Ich starrte ungläubig auf das Schaufenster. Meine persönliche Realität hatte mich eingeholt. In dieser schrecklichen Galerie an diesem schrecklichen Ort stand doch tatsächlich eine Skulptur meines schrecklichen Exfreunds. Wenn ich all die Jahre später noch einmal eine Bestätigung brauchte, dass es wirklich gut war, dass ich mit ihm Schluss gemacht hatte, dann hatte ich die hiermit erhalten. Aber warum? Ich brauchte diese Bestätigung doch gar nicht. Was war das nur für ein bizarrer Zufall? Die Monegassin und ihr seltsames Buch fielen mir wieder ein. Was wollte mir das Universum sagen? »Wie innen so außen« steht im *Kybalion*, also was außen passiert, spiegelt sich in unserem Inneren und umgekehrt. Schrecklich. Dann würde dieses Raunen aus meiner Vergangenheit ja bedeuten, dass auch ich persönlich mit diesem völlig absurden Ort verstrickt war. In meiner totalen Überforderung schickte ich einer befreundeten Galeristin eine Nachricht und erzählte ihr von meinem Fund. Ich wusste, sie würde lachen, denn sie zieht mich immer noch damit auf, dass ich mal mit diesem Mann zusammen war. Tatsächlich antwortete sie auch sofort und fand das alles höchst amüsant. Sie empfahl mir, mir eine Ausstellung des amerikanischen Künstlers George Condo im Nationalmuseum von Monaco anzuschauen. Die sei wirklich gut und würde mich auf andere Gedanken bringen. Da würde ich dann auch noch eine andere Seite von Monaco sehen. Gute Idee, dachte ich mir, und machte mich auf den 20-minütigen Fußweg den Felsen hinauf. Beim Gehen fragte ich mich, ob das *Kybalion*

RUE
AMOURETTI

HERMÈS

vielleicht eine Art *Schopenhauer für Dummies* war. Dann fiel mir ein, dass Nietzsche ja jede Art von Denksystemen einschließlich Astrologie und Wahrsagerei abgelehnt hatte. Recht hat er, dachte ich. Die Skulptur meines Ex war einfach nur ein blöder Zufall gewesen, sollte ich am besten sofort vergessen. Rauf auf den Berg! Die Route führte mich eine Art Stadtautobahn entlang, auf der sich der Verkehr staute. Um die Straße zu überqueren, musste ich über eine Fußgängerbrücke gehen, denn ich konnte nirgendwo einen der verborgenen Fußgängertunnel finden, von denen mir Rick erzählt hatte. Nach einer Nacht mit der Besitzerin eines Monaco-Penthouse hatte er sich am nächsten Tag auf den Nachhauseweg gemacht. Weil ihn Besitz als Konzept nicht interessiert und er wie immer kein Geld für ein Taxi hatte, wollte er die zehn Kilometer zu Fuß gehen. Es war früh am Morgen. Die Straßen von Monaco waren menschenleer. Doch als er eine mehrspurige Fahrbahn überqueren wollte, stoppte ihn die Trillerpfeife eines Polizisten. Der Polizist informierte ihn streng, dass die Überquerung der Straße zu Fuß verboten sei und zeigte auf eine unscheinbare Fahrstuhltür, die Rick bitteschön benutzen sollte. Rick fuhr den Fahrstuhl hinunter und erreichte einen mit Marmor verkleideten Fußgängertunnel. Ein Strom an Hausangestellten schob sich durch den Tunnel, allesamt auf dem Weg zu ihren Arbeitsplätzen in den monegassischen Hochhäusern. Rick in seinem maßgeschneiderten Anzug (so viel Geld muss dann doch immer noch sein) fühlte sich wie der Einzige aus der Welt von oben, deren BewohnerInnen sich nur per Auto bewegen. Der gesamte Felsen von Monaco ist durchzogen von solchen Fahrstühlen und Fußgängertunneln. Manche von ihnen öffentlich, andere dagegen geheim beziehungsweise privat. Es ist eins der verschlungensten Tunnelsysteme Europas, über das Waren geliefert werden, Angestellte sich bewegen und Menschen das Casino betreten können, ohne dabei gesehen zu werden. Leider kannte ich mich in diesem System nicht aus, und die Navigations-App auf meinem Handy hatte auch keine Ahnung. Also dachte ich, dass meine einzige Möglichkeit, das Nationalmuseum zu erreichen, darin bestand, die Stadtautobahn auf dieser Fußgängerbücke zu überqueren. Die Wendeltreppe hinauf zur Brücke schaffte ich noch problemlos und dachte über nichts weiter nach, als dass ich mittlerweile Hunger hatte. Als ich aber vor der nur einen Meter breiten Fußgängerbrücke stand, sah ich erst die hupenden Autos unter mir. Dann fiel mein Blick auf die Schlucht, die neben der Straße nach unten abfiel. Unten, am Abgrund, befand sich ein Hafen mit den riesigen weißen Yachten, die ich so verachte. Mit einem Mal raste mein Herz, meine Knie wurden weich. Die Brücke schien zu wackeln, die Tiefe saugte mich nach unten. Vielleicht waren das einfach zu viel Bling und zu viele Menschen gewesen, zu viel Motorengeheul und Ferrari-Logos, zu viel Okkultismus. Vielleicht war es auch die Erinnerung an diese ungesunde Beziehung. Auf jeden Fall hatte ich plötzlich Todesangst. Zitternd, mich an das Geländer klammernd schaffte ich es gerade noch so, die Treppe hinab zurück zur Straße. Die Angst hatte gesiegt. Mein Wille versagt.

Ich war an mir selbst gescheitert. Nietzsche wäre sicher sehr enttäuscht von mir. Und die Frau mit dem *Kybalion* auch. So ein Reinfall. Ich kaufte mir an einem Kiosk etwas zu essen, ging zurück zum Bahnhof und machte es mir im mittlerweile leeren Bummelzug zurück nach Cannes gemütlich. Der Übermensch, die Kunst und überhaupt das ganze Universum konnten warten.

Down on the beaches, just looking at
all the peaches.
THE STRANGLERS, PEACHES

Lange Zeit galten die Wintermonate als die Hochsaison der Côte d'Azur. Sobald der April kam, verschwanden die TouristInnen, die Schotten der Hotels und Restaurants wurden dicht gemacht, und die Küste fiel in einen sommerlichen Dämmerzustand. Heute ist es umgekehrt. Von Oktober bis zum Filmfestival im Mai döst die Côte d'Azur vor sich hin, und die Einheimischen genießen das Leben ohne Tourismus. Die Straßen sind frei, das Personal in den Restaurants und Läden entspannt, und vor den Museen, wenn sie denn geöffnet sind, stehen keine Menschenschlangen. An der Croisette in Cannes trauen sich in den Wintermonaten wieder die älteren Herrschaften auf die Straße, die sich an der Côte d'Azur zur Ruhe gesetzt haben. Im Sommer nimmt man sie nicht so wahr, aber im Winter ist sie großartig: die Modenschau der Damen über 70, die keinerlei Intentionen haben, in Würde zu altern. Ihnen ist es offensichtlich egal, was ihre Kinder, ihre Nachbarn oder irgendwer sonst von ihnen denken. Sie leben frei ihre Phantasien und Modeträume. Im Supermarkt stand ich mal hinter einer Dame, wahrscheinlich Ende 70, die dort mit ihrem Mann große Mengen Katzenfutter kaufte. Sie trug enge schwarze Lederleggings, einen schwarzen Bolero aus Nerz und extrem hohe Fetisch-Stiefeletten ohne Absatz, die aussahen, als würden ihre Fersen in der Luft schweben und sie wie auf Hufen gehen. Dazu natürlich eine Chanel-Handtasche. Ein ganz normales Supermarkt-Outfit. Ihr Mann trug derweil den hier üblichen semi-nautischen Rentnerloook mit Jeans und Segelschuhen. Es schien mir nicht so, als hätten die beiden an dem Tag noch irgendetwas anderes als Katzenfutter auf dem Plan gehabt. Im Winter holen die alten Damen der Côte d'Azur wieder ihre Pelzmäntel aus den 80er Jahren aus dem Schrank. Politisch natürlich völlig unkorrekt, aber das beschreibt ja quasi die gesamte Küste. Sie pudern sich das Gesicht, legen roten Lippenstift à la Joan Collins auf und promenieren mit ihren Birkin-Handtaschen im Schneckentempo die Croisette entlang. Natürlich mit viel Haarspray in der Föhnfrisur, die sie sich gerade beim Coiffeur ihres Vertrauens haben installieren lassen. Oft wirken sie dabei etwas einsam. Aber sie lassen sich nicht unterkriegen, weder vom Alter noch von ihren schwindenden Freundschaften. Die Mode stirbt zuletzt. Manche der Frauen sind stark geliftet. Bei meiner Kosmetikerin sehe ich öfter mal eine Dame etwa Mitte 80. Sie ist gebrechlich und immer in

Begleitung eines muskulösen Betreuers, der jeden Augenblick aus seinem Polohemd zu platzen droht und auf dessen Arm sie sich stützt. Aber ihr Gesicht ist faltenlos glatt, die Haut fast durchsichtig vom vielen Nachhintenziehen. Das hat etwas Surreales, wie ein Wesen von einem anderen Stern. Und dann gibt es die RentnerInnen mit den sonnengebräunten Lederhäuten, die ganz offensichtlich die letzten 40 Jahre damit verbracht haben, am Strand zu braten. In meinem Viertel beobachte ich oft ein Ehepaar – das Alter lässt sich schwer schätzen –, bei dem die Frau immer rosa und weiße Püppchenkleider aus Spitze trägt und der Mann in seinen farblich abgestimmten Shorts das ganz offensichtlich immer noch toll findet. Beide mit brauner Reptilienhaut und klapprig dünn. Sie sind wie die Geister einer 70er-Jahre-Unterhaltungssendung mit Baby-Doll-Showeinlage. Ich hoffe, dass sie noch eine Weile durchhalten.

Heute sind die Sommermonate und dabei besonders Juli und August die Hauptsaison der Côte d'Azur. Der Wechsel vom Winter zum Sommer fand in den 20er Jahren des letzten Jahrhunderts statt und ist vor allem auf die Ankunft eines amerikanischen Ehepaars namens Sara und Gerald Murphy zurückzuführen. Die Murphys gelten zwar nicht als Erfinder des *Sonne, Meer & Sex*-Lebensideals, sind aber doch Pioniere der modernen Strandkultur. Es war der Komponist Cole Porter und seine Frau Linda, die die Murphys nach Südfrankreich eingeladen hatten. Porter – bekannt für Songs wie »Night and Day«, »I Get a Kick Out of You« und »I Love Paris« – war, wie so viele Amerikaner, während des Ersten Weltkriegs nach Frankreich gekommen und nach Ende des Krieges wieder nach Paris zurückgekehrt. Die Teilnahme der USA am Weltkrieg hatte die Verbindungen zwischen Amerika und Europa gestärkt. Der Zusammenbruch der alten Welt, ihren Monarchien und gesellschaftlichen Strukturen schuf ein aufregendes, unruhiges politisches Klima, das Neuanfänge, Experimente und künstlerischen Selbstausdruck begünstigte. Es war die Ära des *Jazz Age*. Urbane Popkultur, stark beeinflusst von afro-amerikanischen KünstlerInnen und verbreitet von neuen Technologien wie dem Kino und dem Schallplattenspieler, elektrisierte die großen Metropolen in den USA und Europa. Der amerikanische Autor F. Scott Fitzgerald, der mit *Der große Gatsby* das Lebensgefühl dieser Zeit auf den Punkt brachte, beschrieb das Jazz Age als eine Ära, in der »die Partys größer waren, das Tempo schneller, die Gebäude höher und die Sitten lockerer«. AutorInnen wie James Joyce, der in Paris seinen bahnbrechenden Roman *Ulysses* schrieb, oder künstlerische Kollektive wie der Dadaismus oder der Surrealismus – sie alle suchten nach neuen Wegen, ihre innere Realität zu beschreiben und fanden dabei in Paris ein Umfeld, das diese Suche begünstigte. Dazu kam noch, dass in den USA 1920 die Prohibition ausgerufen und Alkohol verboten worden war. So wurde Paris mit seinen entspannten Umgangsformen ein Ort, der viele AmerikanerInnen anzog. Die amerikanische Autorin Gertrude Stein, die schon 1903 nach Paris gezogen war, unterhielt hier einen Salon, der zum Begegnungsort von Autoren wie Ernest Hemingway und F. Scott Fitzgerald sowie KünstlerInnen wie Picasso und Matisse wurde. Stein war es, die den Ausdruck »The Lost Generation« prägte, um die innere Zerrissenheit und Verwirrung zu beschreiben, die sie und andere AutorInnen nach dem Horror des Weltkrieges empfanden. Da war einerseits die Freude, immer noch am Leben zu sein, und gleichzeitig die unverarbeitete Trauer der allgegenwärtigen Verluste. Unzählige Menschen waren gestorben oder verstümmelt, und fast jeder trug tiefe seelische Narben. Es ist vor diesem Hintergrund, dass wir den sonnendurchfluteten Hedonismus verstehen können, der sich nach dem Ersten Weltkrieg an der Côte d'Azur entwickelte. Porter und seine Frau hatten sich im Sommer 1921 und 1922 eine Villa am Cap d'Antibes gemietet, was auf andere völlig wahnsinnig gewirkt haben muss. Die Côte d'Azur galt als viel zu heiß im Sommer, als dass man hier eine angenehme Zeit verbringen konnte. Stattdessen fuhren die Pariser für die Sommerferien an die nördliche Atlantikküste. So auch die Murphys und ihre Kinder, die zu der Zeit in Paris lebten. 1922 war jedoch der Sommer in der Normandie so kalt und nass, die Strände klamm und das Wasser grau, dass die Murphys eine Einladung der Porters nach Antibes annahmen. Dort verbrachten sie ihre Tage am Strand La Garoupe, einer winzigen Sandbucht am Cap d'Antibes. Nach der Kälte der Normandie genossen sie die Sonne. Hier musste man sich nicht gegen den Wind abschirmen, und das Wasser war türkisblau. Den Murphys gefiel es hier so gut, dass auch sie sich entschieden, die Côte d'Azur zu ihrem Sommerdomizil zu machen und ihren wachsenden Freundeskreis aus Paris dorthin einzuladen. Im nächsten Jahr mieteten die Murphys und ihre Freunde mehrere Zimmer im heute als legendär geltenden Grand Hotel du Cap. 1923 wurde damit zur ersten offiziellen Sommersaison der Côte d'Azur und steht damit am Anfang des Mythos, den wir heute mit dieser Küste verbinden. Es war auch das Jahr, in dem Coco Chanel auf dem Boot ihres Liebhabers, dem Herzog von Westminster, die Côte d'Azur bereiste und mit ihren weiten Schlaghosen, gestreiftem Matrosenhemd, Espadrilles und brauner Haut das prägte, was an mancher Stelle immer noch als der typische Côte-d'Azur-Look bezeichnet wird.

Während die Murphys 1922 noch eine dicke Schicht Algen vom Strand La Garoupe entfernen mussten, befindet sich dort heute ein teures Strandlokal, wo sich alle die, die den Strandaufenthalt als gesellschaftliches Ereignis gestalten wollen, Liegestühle mieten können. Ein ganzer Nachmittag wäre mir dort zu anstrengend, aber ich gehe dort gerne mittagessen. Hier gibt es Meeresfrüchte, alle möglichen Arten von gegrilltem Fisch, Pasta und natürlich sehr viel gekühlten Rosé. Ich kann mich nicht erinnern, ob hier auch der Rosé von Brad Pitts etwa 120 Kilometer entferntem Weingut ausgeschenkt wird, aber es würde passen. Mir geht es bei dem Besuch in diesem Strandlokal jedoch gar nicht so sehr um Kulinarisches. Was mir hier viel mehr Spaß macht, ist das Begutachten der kosmetischen Chirurgie, die hier

an fast jedem Tisch gegenwärtig ist, sowie der Männer in Leinenhemden und Shorts, die ihre dicken Armbanduhren spazieren tragen. Meistens bin ich dort die einzige Frau ohne Botox oder aufgespritzte Lippen, was ein bizarres, aber auch irgendwie interessantes Gefühl ist. Als wäre ich Touristin in einer dystopisch-barocken Welt, in der die Selbstinszenierung völlig neue Formen annimmt. Frauen allen Alters haben sich hier Gesichter zugelegt, die oft von Computerspielen oder Manga-Cartoons inspiriert zu sein scheinen. Eine digitale Ästhetik mit großen Lippen, großen Augen, hohen Wangenknochen und glatter, ebenmäßiger Haut. Auch das ist eine Form des selbst inszenierten Übermenschentums. Dazu gehören am besten noch lange Haare und voller Busen ebenso wie das obligatorische Pseudo-Hippie-Kleid mit Strohhut und Designersonnenbrille. Dabei handelt es sich um den neuen Côte-d'Azur-Look, der in den 2000ern von Kate Moss popularisiert wurde und Coco Chanels Riviera-Stil ersetzt hat. Es ist ein Einheitslook des globalen Luxustourismus und ist nicht nur an der Côte d'Azur vorzufinden, sondern auch an Orten wie Bali, St. Barth oder den Malediven. Die Gesichter hier an den Tischen am Cap d'Antibes wirken wie Selfies. In ihrer Unbeweglichkeit scheint ihnen eine Dimension verloren gegangen zu sein. Sie sind zweidimensional wie ein Foto. Dadurch haben sie etwas Geisterhaftes. Diese Gesichter befinden sich direkt vor einem, und trotzdem wirken sie unwirklich, nicht gänzlich anwesend. Ich sehe diese Selfie-Gesichter überall an der Côte d'Azur. Nicht nur hier am Strand

La Garoupe, sondern auch im Straßenbild von Cannes – wo ich am häufigsten bin. Anfangs habe ich mich von diesen Gesichtern noch bedroht gefühlt. Mir sind abwertende Ausdrücke zu ihnen eingefallen. Vielleicht, weil ich dachte, ich müsste das in meinem Alter auch machen. Und auch, weil wir im Angesicht von Exzess gerne mit Herabsetzung reagieren und uns deswegen über die riesigen Lippen und künstlichen Kulleraugen lustig machen. Mittlerweile habe ich mich diesbezüglich entspannt. Mir ist klar geworden, dass diese Gesichter eine Lebensrealität verkörpern, die mit meiner nichts zu tun hat und mich trotzdem nicht stören muss. Ich muss da nicht mitziehen. Seit ich klein bin, bin ich für mein Gesicht gehänselt worden, und die Kommentare in den sozialen Medien zum eigenen Foto kenne ich alle noch aus dem Kindergarten. Das Niveau ist da nicht wirklich gestiegen. Irgendwann, so um meinen 50. Geburtstag herum, hatte ich dann endlich genug. Mir war nun endgültig egal, was andere von meinem Gesicht halten. Und dennoch beobachte ich sie gerne, diese neue Spezies Mensch. Ich bewundere sie auch für ihren Mut, denn jede kosmetische Behandlung birgt ein Risiko. Auch wenn es sich dabei nur um das Risiko der eigenen Lächerlichkeit handelt. Aber Nietzsches Zarathustra-Zitat »*Begehren* – das heißt mir schon: mich verloren haben« sollte vielleicht als Nebenwirkung auf den Beipackzetteln von Botox stehen.

Durch die Murphys entwickelte sich das Hotel du Cap zu dem Ort ultimativen Glamours und Luxus, als der es heute gilt. Dieses Hotel, das aussieht wie ein klassisches Chateau an der Loire, umweht der Nimbus von Eleganz und Begehrlichkeit, der mit den Murphys und ihren Freunden begann. Während der Filmfestspiele von Cannes ist es der Ort, wo die exklusivsten Partys stattfinden und die wirklich großen Stars übernachten. Wenn im etwa 40 Minuten Autofahrt entfernten Cannes eine aufwendige Filmpremiere stattgefunden hat, so ist später am Abend die Dichte der berühmten Gesichter in der Hotelbar oder auf der Terrasse besonders hoch. Von der Terrasse aus kann man den breiten Kiesweg hinabschauen, der eingerahmt von den riesigen Pinienbäumen des Hotelparks einen sanften Hügel hinab zum Meer führt. Der Blick von der Terrasse zum Meer, diese Kombination aus Bäumen und Symmetrie, die im Doppelblau von Himmel und See endet, ist sicherlich einer der schönsten der Welt. Die perfekte Kombination aus Natur und menschgemachter Gestaltung. Unten am Meer befindet sich das Eden Roc, das Restaurant des Hotels, zu dem auch der weniger formelle Grill sowie der Hotelpool und die Sprungbretter gehören, die dazu einladen, von den Klippen ins Meer zu tauchen. Ein Ort, der dazu auffordert, Haut zu zeigen und den Körper zu erfahren. Also ein Ort immer noch ganz im Sinne des *Jazz Age*. Schon damals war das Hotel du Cap Eden Roc äußerst exklusiv, doch mittlerweile kann ohne Reservierung niemand mehr den Hotelgrund betreten. Es ist einer dieser unsichtbaren Orte, wo sich Reichtum versteckt. Seinen Glamour bezieht das Hotel heute von den vielen Stars, die die anderen Gäste wäh-

rend der Filmfestspiele von Cannes hier beobachten können. Während des Festivals saß ich einmal zum Mittagessen auf der Terrasse des Grills, die aussieht wie das Deck einer weißen Art-déco-Yacht. Fast alle Tische waren belegt, die meisten davon mit amerikanischen Filmleuten, die es hier mit Rosé und Austern auf Firmenkosten krachen ließen. Plötzlich kam ein kleines Motorboot auf das Eden Roc zugeschippert, das Gäste von einer an der Bucht verankerten Superyacht ins Hotel brachte. An Bord war Johnny Depp, damals als Pirat Jack Sparrow auf der Höhe seines Ruhms. Es war lange vor seiner Schlammschlacht mit seiner Ex-Frau Amber Heard, durch die die unangenehmeren Seiten seiner Persönlichkeit zutage traten. Je näher das Boot dem Hotelsteg kam, desto mehr stieg die Aufregung unter den Gästen. Das war eben genau das, was man sich von einem Besuch im Hotel du Cap erhoffte: einen exklusiven Blick auf den berühmtesten Piraten der Welt und dazu noch auf einem Boot. Als Depp schließlich die Treppen vom Steg emporgeklommen war und die Terrasse betrat, hatten sich alle – der Rosé mag da geholfen haben – in eine solche Begeisterung hineingesteigert, dass das gesamte Restaurant in Applaus ausbrach. Natürlich applaudierten die Gäste nicht nur Depp, sondern auch sich selbst, und dass sie es an diesen Sehnsuchtsort geschafft hatten bzw. diesen Glamour-Moment miterleben durften. Du bist entweder drin oder draußen, vor allem im Hotel du Cap.

Das mehr als 150 Jahre alte Hotel gehört seit Anfang der 1970er Jahre der deutschen Oetker-Familie aus Bielefeld. Erstaunlich, was man alles so mit Backpulver anstellen kann. Rudolf und Maja Oetker hatten das du Cap zum ersten Mal 1964 aus der Ferne gesehen, als sie an der Côte d'Azur segeln waren. Fünf Jahre später kauften sie das Hotel, ohne dass sie es vorher tatsächlich betreten hatten. Vielleicht liegt es an den deutschen Besitzern oder der Tatsache, dass es ein vor allem amerikanisches Klientel war, welches das Hotel so berühmt gemacht hat, aber das Hotel du Cap sieht zwar französisch aus, fühlt sich aber nicht französisch an. Die Angestellten hier sind nämlich so freundlich, man könnte fast vergessen, dass man sich in Frankreich befindet. Was bei meinem letzten Mittagessen im Eden Roc Grill die Amerikanerin am Nebentisch – Ende 50 mit obligatorischen Faux-Hippiekleid, Pilotenbrille, aufgespritzten Lippen und unbeweglichem Gesicht – allerdings nicht davon abhielt, wüst vor sich hinzuschimpfen, weil ihrer Meinung nach der Service zu langsam war. Es war Hauptsaison. Alle Tische belegt mit jungen amerikanischen Tech-Unternehmern, die sich noch nicht ganz an ihre Gucci-Männerhandtaschen gewöhnt hatten, dicken alten Engländern mit Leinenhemd und Zigarre, die breitestes Cockney sprachen, europäischen Familien, die ihre schmollmündigen Kinder für das Sechs-Sterne-Leben trainierten und natürlich ChinesInnen und AraberInnen. Nicht zu vergessen, die Influencerin mit quasi Oben-ohne-Dekolleté und riesigem Sonnenhut, die sich von ihrer devoten Freundin vor dem

glitzernd blauen Meer fotografieren ließ. Es war also viel los, und ich empfand den Service als den Umständen entsprechend exzellent. Außerdem war der Nizza-Salat wieder einmal hervorragend. Nach ausführlichen persönlichen Studien kann ich sagen, dass der Nizza-Salat im Eden Roc der beste der Côte d'Azur ist, aber das nur nebenbei. Das Problem der Dame am Nachbartisch war das alte Dilemma aller Luxus-Etablissements, dass Entspannung und Exklusivität nicht unbedingt synonym sind. Nur weil einen der Zerberus am Hoteleingang hineingelassen hat, heißt das ja noch lange nicht, dass innendrin die Sozialängste aufhören. Im Gegenteil. Wenn ich mein Selbstwertgefühl daraus ziehe, dass ich im Vergleich mit anderen einen hohen Platz in der Sozialhierarchie einnehme – und auf diesem Lebenskonzept basiert die gesamte Luxusindustrie, einschließlich das Hotel du Cap –, dann hört der Kampf gegen die Bedeutungslosigkeit nie auf. Wer hat den besseren Tisch? Wer wird aufmerksamer bedient? Das Status-Gerangel und der Stress um die Exklusivität gehen immer weiter. Da fühlt es sich ein paar Kilometer weiter an den Stränden von Juan-les-Pins und Golfe-Juan schon entspannter an. Am Strand von Golfe-Juan war am 1. März 1815 Napoleon nach der Rückkehr aus seinem Exil in Elba gelandet und hatte sich mit 1200 Mann auf den langen Marsch zurück nach Paris begeben – ein Ereignis, das jedes Jahr im März von Napoleon-Begeisterten nachgestellt wird. Im Sommer aber brummt hier das Strandleben, alle lassen alles raushängen, rot verbrannte Haut schwabbelt, Kinder tragen ihre aufblasbaren

Plastiktrophäen herum, und über alles hinweg dröhnt aus den Lautsprechern »Waterloo« von ABBA. Ich bin mir nicht ganz sicher, wo ich's schöner finde. Wahrscheinlich dann doch im Hotel du Cap. Trotz meiner Strandphobie wäre sogar ich nach dem Mittagessen zu gerne vom Eden-Roc-Sprungbrett ins Meer abgetaucht und zu der Badeplattform hinausgeschwommen, wo sich zwei Frauen im Bikini sonnten. Wahrscheinlich hätte ich für einen kurzen Moment gedacht, dass es nichts Schöneres im Leben gibt.

Bis vor ein paar Jahren konnte man im Hotel du Cap nur mit Bargeld bezahlen. Mein verstorbener Mann, der während der Filmfestspiele immer dort wohnte und sehr viel Geld dort gelassen hat, musste am Ende des Festivals dicke Rollen an Cash über den Tresen des Concierge schieben. Diese Bargeld-Regel war natürlich nicht so wirklich im Sinne des Geldwäschegesetzes, aber sicherlich im Sinne von einigen internationalen Filmfinanziers. Mit einem davon hatte ich am Eden-Roc-Pool ein Erlebnis, an das ich immer noch mit Schaudern denke. Freunde hatten mich eingeladen, den Nachmittag am Pool zu verbringen, und ich ging zum Beckenrand, um ein paar Bahnen zu schwimmen. Die Sonne blendete meine Augen, und ich konnte nicht richtig sehen. Plötzlich erhob sich vor mir aus dem Wasser ein riesiger Körper und baute sich vor mir auf wie ein Seeungeheuer. Ich blickte in Augen, die aussahen wie volle Aschenbecher. Es war der mittlerweile als Sexualstraftäter verurteilte Filmproduzent Harvey Weinstein, der mir hier gegenüberstand

und mich anstarrte. Egal wie öffentlich der Ort auch war, ich hatte in diesem Moment physische Angst. Ein paar Jahre später stand ich ihm wieder während der Filmfestspiele gegenüber. Damals steckte seine Firma schon in finanziellen Schwierigkeiten. Ich stellte mich als Reporterin der *Financial Times* vor. Er drehte sich um und lief weg von mir. Das geschriebene Wort ist immer noch die beste Waffe der Frau.

Mitte der 1920er Jahre aber, als sich der Mythos des du Caps noch herausbildete, waren es nicht so sehr der internationale Geldadel, der das Klientel des Hotels ausmachte, sondern Freunde der Murphys wie Pablo Picasso, Gertrude Stein und ihre Partnerin Alice B. Toklas sowie Dorothy Parker und Ernest Hemingway. Die Murphys kauften sich zwar schon bald ihre eigene Villa, doch das Hotel blieb das Zentrum ihres Zirkels. Das amerikanische Paar war der perfekte Gastgeber: charmant, aufmerksam und mit ihren drei Kindern die perfekte, wunderschöne Familie. F. Scott Fitzgerald beschrieb die Szene, in deren Zentrum die Murphys standen, am Anfang seines Côte-d'Azur-Romans *Zärtlich ist die Nacht*. Der Protagonist Dick Diver, ein brillanter Psychiater, und seine reiche Frau Nicole, seine frühere Patientin, verkörpern eine Mischung aus den Murphys und Fitzgerald selbst und seiner Frau Zelda. Zu Beginn des Romans lässt uns Fitzgerald die Divers und ihre Freunde am Strand durch die Augen der jungen Hollywood-Schauspielerin Rosemary Hoyt beobachten. Rosemary fragt Nicole: »›Finden Sie es schön hier – an diesem Ort?‹ Anstelle Nicoles antwortet einer ihrer Freunde, Abe North: ›Sie müssen ihn schön finden‹, sagte Abe North langsam, ›sie haben diesen Ort erfunden.‹ Langsam drehte er seinen eleganten Kopf zur Seite und ließ seine Augen voller Treue und Zärtlichkeit auf den beiden Divers ruhen.«

Die Fitzgeralds mit ihrer Tochter Scottie waren zum ersten Mal 1924 an die Côte d'Azur gekommen. Fitzgerald arbeitete damals an *Der große Gatsby*, der im Jahr darauf erscheinen und ein kommerzieller Flop werden sollte. Dieser Roman über den mysteriösen Multimillionär Jay Gatsby und seine Jugendliebe Daisy Buchanan spielt zwar in Long Island, doch der undurchsichtige Reichtum des Titelhelden ist die perfekte Beschreibung für die reichen AraberInnen, ChinesInnen und bis vor dem Ausbruch des Ukrainekriegs auch RussInnen, die heute am Cap d'Antibes wohnen. Außerdem scheint der blinkende Leuchtturm, den Gatsby sehnsuchtsvoll beobachtet, dem Leuchtturm an der Bucht des Cap d'Antibes nachempfunden zu sein. Die Fitzgeralds hatten die Murphys in Paris kennengelernt und sich auf Anhieb verstanden. Zunächst wohnten sie etwas entfernt vom Cap d'Antibes in einem Haus in der Nähe von St. Raphael. Damals muss es dort sehr idyllisch gewesen sein. Heute verbinde ich mit der Gegend von St. Raphael Golfanlagen und Retorten-Villen, die alle gleich aussehen. Ich hatte mal eine sehr nette Dame im Flugzeug kennengelernt, die mich in ihr Haus in einem Neubauviertel im Hinterland von St. Raphael einlud. Mein deutsches Navigationssystem führte mich durch endlose Straßen, in der sich identische Träume von einem mediterranen Einfamilienhaus aneinanderreihten. Ein Labyrinth aus weißen Giebeln und Garageneinfahrten mit Mülltonnen. Irgendwann merkte ich, dass ich im Kreis fuhr und immer wieder auf derselben Straße landete, die die deutsche Stimme meines Navigationssystems aussprach wie den Nachnamen eines meiner verflossenen Liebhaber. Immer und immer wieder dieser Name und dazu die identischen Erkerfenster. Ich war in der suburbanen Vorhölle gelandet, wo man ununterbrochen von seiner Vergangenheit beschallt wird. Als ich irgendwann doch noch das Haus der Dame fand, war ich fertig mit den Nerven. Es war ein völlig normales Haus, eingerichtet mit Ledersofa, Großbildfernseher und Aquarium. Während des wirklich sehr leckeren Mittagessens – es gab Nizza-Salat – fragte ich sie nach ihren vielen Reisen. Schon im Flugzeug hatte sie mir von den zahlreichen Orten erzählt, die sie schon bereist hatte. In Mexiko hatte sie die Pyramiden im Dschungel besucht, in Peru den Machu Picchu bestiegen, und demnächst wollte sie zu dem antiken Wallfahrtsort Delphi in Griechenland pilgern. Bei den Pyramiden in Ägypten sei sie natürlich auch gewesen. Sie würde immer in einer Gruppe reisen, erklärte sie mir. Nein, das seien keine Freunde. Sie würden zusammenarbeiten. Auf meinen fragenden Blick antwortete sie, dass sie bei diesen Reisen winzige Perlen, die Außerirdische auf der Erde deponiert hätten, an energetisch wichtige Plätze verteilten. Das sei eine sehr wichtige Arbeit, denn es gehe darum, das

Energiefeld der Welt zu retten. Nur so könne man die Erde vor dem Untergang bewahren. Das waren jetzt alles Informationen, die mich etwas überforderten. Während sie mir Mineralwasser nachschenkte, erzählte mir meine Gastgeberin, dass sie abends am Machu Picchu zwei Raumschiffe beobachtet hätte. Das sei ein wirklich besonderes Erlebnis gewesen. Ich nickte verständnisvoll, bedankte mich für das nachgeschenkte Glas und nahm mir vor, nie wieder Flugzeugbekanntschaften zu Hause zu besuchen. Gerade als ich überlegte, wie ich mich verabschieden könnte, ohne unhöflich zu wirken, bot mir die Dame an, mir ein Reiki-Einweihungsritual zu geben. Von Reiki hatte ich natürlich schon gehört. Dabei handelt es sich um Energieheilung. Keine Frage, komplett esoterisch, aber mein früherer Zahnarzt in London hatte es auch angeboten. Kann nicht schaden, dachte ich. Der Nachmittag war sowieso schon so bizarr, warum die Sache nicht bis zum Ende durchziehen? Also räumten wir die Salatschüssel und die Teller auf die Seite, ich setzte mich in der Mitte des Wohnzimmers vor dem Aquarium auf einen Stuhl und schloss die Augen. Meine Gastgeberin flüsterte Beschwörungsformeln auf mich ein und machte alle möglichen Bewegungen, die ich aber nicht sehen konnte, weil ich ja die Augen geschlossen hatte und mich nicht traute, sie zu öffnen. Ich kann von keinen großen spirituellen Erleuchtungen berichten, aber zum Schluss gab es sogar ein kleines Zertifikat. Ich habe jetzt offiziell die erste Stufe zur Reiki-Heilerin vollzogen. Zum Abschied umarmten wir uns. Außerirdische hin oder her, wir hatten gemeinsam ein Abenteuer erlebt. Als ich mich auf dem Nachhauseweg wieder in der Retortensiedlung verirrte, fragte ich mich, ob die Außerirdischen hier wohl schon gelandet waren. Vielleicht handelte es sich beim Golfplatz von St. Raphael um eine UFO-Anlegestelle. Seltsamerweise deprimierte mich die Vorstellung, dass die Außerirdischen sich keinen besseren Ort ausgesucht hatten als das Hinterland von St. Raphael. Ich war wirklich froh, als ich endlich wieder das Meer sah und im Rückspiegel die Sonne unterging, während ich die Küstenstraße entlang zurück nach Cannes fuhr.

Auch bei den Fitzgeralds führte eine aviatische Zufallsbekanntschaft zu einer unerwarteten Wendung der Ereignisse und bewirkte, dass die Familie St. Raphael verließ. Während Scott Fitzgerald schrieb, hatte Zelda Fitzgerald eine Affäre mit einem französischen Piloten, den sie am Strand kennengelernt hatte. Die Affäre warf Zelda emotional völlig aus der Bahn. Überwältigt von der Krise seiner Frau, zog Fitzgerald mit seiner Familie zu den Murphys ins Hotel du Cap. Zwar waren sie im du Cap weniger isoliert, doch Zeldas Gemütszustand verbesserte sich nicht wirklich. Zelda unternahm einen Selbstmordversuch und schluckte Schlaftabletten. Fitzgerald und Gerald Murphy gingen stundenlang mit ihr die Hotelgänge auf und ab, um sie wach und am Leben zu halten. Später zogen die Fitzgeralds in die *Villa St. Louis* ganz in der Nähe des Hotels du Cap. Auch Picasso wohnte in der Nähe. 1927 verließen die Fitzgeralds die Côte d'Azur und 1929 wurde die *Villa St. Louis* zum Belles Rives Hotel umgebaut. Auch heute noch ist das Belles Rives ganz im Art-déco-Stil gehalten. Wesentlich kleiner und nicht ganz so opulent und exklusiv wie das Hotel du Cap, ist es doch wunderschön und luxuriös. Ein Besuch hier fühlt sich an wie eine Reise ins *Jazz Age*. Wenn man unter den Sonnenschirmen am Meer sitzt, ist das so friedlich, dass man sich vorstellen kann, wie sich die Côte d'Azur in den 1920ern angefühlt haben muss. Allerdings sollte man einen Besuch in der Hauptsaison vermeiden. Als ich vor Kurzem während eines Juli-Wochenendes am Belles Rives vorbeifuhr, lagen in der Bucht vor dem Hotel so viele riesige weiße Yachten vor Anker, es sah aus wie der IKEA-Parkplatz beim Sommerschlussverkauf. Von solchen Momenten abgesehen, kann ich es immer noch nachvollziehen, wenn ich das Zitat von F. Scott Fitzgerald lese, das in Marmor eingraviert in der Eingangshalle des Belles Rives hängt:

> »With our being back in a nice villa on my beloved Riviera (between Cannes and Nice) I'm happier than I've been for years. It's one of those strange, precious and all too transitory moments when everything in one's life seems to be going well.«

Das Zitat stammt von 1926, als Fitzgerald schon an *Zärtlich ist die Nacht* arbeitete. Der Roman enthält einige der schönsten Beschreibungen, die man über die Côte d'Azur findet.

Wenn er schreibt »… the diffused magic of the hot sweet South had withdrawn into them – the soft pawed-night and the ghostly wash of the Mediterranean below …«, dann beschreibt Fitzgerald genau das, was ich fühle, wenn mich dieser Ort berührt. Es ist ein Zauber, den keine Superyacht zerstören kann, kein Autostau und auch keine architektonischen Katastrophen wie das Palais du Festival in Cannes. Ich fühle ihn, wenn ich den Wanderweg um das Cap d'Antibes entlanggehe, die Promenade des Anglais in Nizza und hoch in den Bergen im Estrel, oder jetzt gerade, da ich an meinem Schreibtisch vor offenem Fenster sitze. Denn was immer auch noch die Côte d'Azur mit einem anstellt, vor allem verzaubert sie. Durch ihre Düfte, ihre Natur, ihr Licht und das tiefe, irisierende Blau ihres Meeres.

Fitzgerald hatte *Zärtlich ist die Nacht* anfangs als Roman über einen Mann geplant, der seine Mutter umbringt und dann Zuflucht bei einer Gruppe glamouröser Amerikaner findet, die an der Côte d'Azur leben. Er arbeitete mehrere Jahre an dieser Idee, doch der Muttermord wollte ihm einfach nicht gelingen. Freud lässt grüßen. Statt der ödipalen Mordphantasie erzählte Fitzgerald schließlich eine Geschichte über einen Psychiater, Dick Diver (auch ein eher freudianischer Name), der davon träumt, das ultimative Buch über Psychologie zu schreiben. Dazu kommt es jedoch nie, weil er mit seiner reichen Frau Nicole ein glamouröses Leben unter anderem an der Côte d'Azur führt und zunehmend dem Alkohol verfällt. Es ist eine Geschichte über Impotenz und einen Mann, dessen Identität in einer weiblichen Welt verloren geht. Es ist jedoch auch eine Geschichte über Trauma und die zerstörerische Macht des Patriarchats. Liegt doch der Ursprung für Nicoles psychische Probleme darin, dass sie von ihrem Vater missbraucht wurde. Nicoles Hintergrund gibt der Tatsache, dass die Schauspielerin Rosemary in ihrer Rolle als *Daddy's Girl* berühmt geworden ist und Diver ihr Vater sein könnte, einen unangenehmen Beigeschmack. In welche Rolle schlüpft Diver, wenn er sich in Rosemary verliert? *Zärtlich ist die Nacht* handelt von Versagen, denn Dick Diver scheitert kläglich mit seinem Ziel, Menschen zu retten – weder Nicole oder die junge Hollywood-Schauspielerin, mit der er eine Affäre hat, noch sich selbst. Sein einziges wirkliches Talent besteht darin, ein guter Gastgeber und Unterhalter zu sein. Es ist eine Geschichte über Maskulinität in der Krise. Der Mann wird seinem eigenen Anspruch an sich selbst nicht gerecht. Statt Ritter auf dem weißen Pferd ist er der Narr, der sich aushalten lässt. Und geht daran zugrunde. Fitzgerald gibt mit dieser zutiefst freudianischen Geschichte die Vorlage für ein Thema, das immer wieder in der westlichen Popkultur, und dabei vor allem bei Alfred Hitchcock auftauchen wird: Der kastrierte Mann, der entweder zum Monster wird (*Psycho*) oder sich behaupten und wie Ödipus ein Rätsel lösen muss (*Das Fenster zum Hof, Vertigo, Über den Dächern von Nizza*). Und natürlich ist dabei immer die Mutter schuld. Wenn wir über Freud reden, sind wir schnell wieder bei Nietzsche. In dem Gebäude, wo sich früher die Pension de Genève befand, in der Nietzsche hauptsächlich während seiner Zeit in Nizza wohnte, praktiziert übrigens heute eine Psychoanalytikerin. Freud gab an, Nietzsche nicht gelesen zu haben, da er seine »Unbefangenheit« behalten wolle – Nietzsches Ahnungen und Einsichten schienen sich nämlich auf erstaunliche Weise mit denen der Psychoanalyse zu decken. Nietzsches Welt, wie auch die Freuds, ist eine Welt der Gefühle und Affekte, in der Moral nur den Ausdruck gesellschaftlicher Normen darstellt. Freuds Unbewusstes ist genau das, was Nietzsche heraufbeschwört: jenseits von Gut und Böse. Im Unbewussten ist alles möglich. Auch Arnold Zweig, der in den 1930er Jahren gemeinsam mit Bertolt Brecht an die Côte d'Azur vor der Verfolgung durch die Nazis flüchtete und dort in Sanary-sur-Mer mit anderen Exilanten wie Thomas Mann, dessen Bruder Heinrich Mann und Lion Feuchtwanger das »Weimar an der Riviera« bildete, sah einen Bezug zwischen Freud und Nietzsche. Er war der Ansicht, dass Freud in der Psychoanalyse die Welt fand, die Nietzsche ausgerufen hatte. Psychoanalyse erreicht laut Zweig eben genau das, was Zarathustra prophezeit: Alle Moralvorstellungen werden hinterfragt und das Christentum in die Knie gezwungen. Auch bei Freud ist Gott tot. Er ist einfach nur ein anderes Wort für *Über Ich* – wieder dieses »über« wie bei Nietzsche. Ein anderer Zweig, Stefan Zweig (keine Verwandtschaft zu Arnold) stellte auch mehrmals den Bezug zwischen Nietzsche und Freud her. Zweig schrieb: »Wenn Nietzsche mit dem Hammer, so hat Freud ein Leben lang mit dem Skalpell philosophiert.« Wie direkt Nietzsche Freud und die Psychoanalyse beeinflusst hat, wissen wir nicht. Aber wenn wir Freud als einen der bedeutendsten Denker des 20. Jahrhunderts betrachten, der wie kein anderer unsere Realitätswahrnehmung, Sprachgebrauch, soziale Erwartungen und persönliche Narrative durchdrungen hat, so schwingen in diesem Einfluss doch immer auch Nietzsche und dabei vor allem Zarathustra mit. Mit anderen Worten, die Côte d'Azur ist überall.

Auch Stefan Zweig hielt sich an der Côte d'Azur auf. Im Jahr 1931 verweilte er gemeinsam mit seiner Frau Friederike im Hotel du Cap, in dessen Gästebuch er schrieb: »Dankbar für Himmel, Landschaft und Stille um dieses gesegnete Haus«. Zweig arbeitete zu diesem Zeitpunkt an seiner Biographie von Marie Antoinette. Als er herausfand, dass Joseph Roth, der gerade mit seinem Roman *Radetzkymarsch* beschäftigt war, sich auf Grund von juristischen Problemen aus Paris nach Marseilles verzogen hatte, lud er seinen Freund zu sich ein. Gemeinsam besuchten die beiden Autoren – Zweig war damals einer der berühmtesten Schriftsteller Europas – mehrmals den Schreibwarenladen in Antibes, wo sie ihrem Fetisch für französische Hefte, Papier und Tinte nachgingen. Einen Fetisch, den ich absolut nachempfinden kann und nur empfehlen möchte. Vor mir auf meinem Schreibtisch stapeln sich französische Notizbücher, und ich könnte mir ständig neue kaufen –aber das nur nebenbei. Drei Jahre später kehrten Stefan und Friederike

Zweig zurück an die Côte d'Azur, aber dieses Mal gemeinsam mit Zweigs Sekretärin Lotte Altmann. Der Aufenthalt war möglicherweise etwas weniger harmonisch als der zwei Jahre zuvor. Es stellte sich heraus, dass Zweig eine Affäre mit Lotte hatte. Kurz nach seinem Aufenthalt an der Côte d'Azur musste auch er vor den Nazis fliehen und zog zunächst nach London, dann New York und später Brasilien. 1938, dem Jahr, in dem seine Marie-Antoinette-Biographie in Hollywood verfilmt wurde, heiratete er Lotte. 1942 begingen die beiden Selbstmord.

Papa don't preach.
MADONNA

Zärtlich ist die Nacht ähnelt in vieler Hinsicht einem anderen Roman der Weltliteratur, der auch an der Côte d'Azur spielt: *Der Garten Eden* von Ernest Hemingway. Das Buch, das erst 1986, also 25 Jahre nach Hemingways Selbstmord veröffentlicht wurde, beschreibt ähnlich wie *Zärtlich ist die Nacht* eine unglückliche Dreiecksbeziehung. In diesem Fall zwischen einem jungen, ambitionierten Schriftsteller, seiner wesentlich reicheren Frau – David und Catherine Bourne – und einer jungen Frau namens Marita. Catherine ist diejenige, die Marita in die Beziehung holt. Sie ist neugierig auf Bisexualität, kleidet sich androgyn und überredet David, sich wie sie die Haare zu blondieren, damit sie wie Geschwister aussehen. *Der Garten Eden,* den Hemingway hier beschreibt, erinnert an das Eden Roc der frühen 1930er Jahre, als Blondierungen gerade erst erfunden worden waren – und auch gebräunte Haut und langes Sonnenbaden, wie es die Protagonisten betreiben, noch als Avantgarde galt. Auch seine Beschreibungen sexueller Neugier und Freizügigkeit wirken wie Erinnerungen an seine Vergangenheit als junger Schriftsteller an der Côte d'Azur. Wie in Fitzgeralds Buch ist auch hier die Ehefrau emotional labil. Und wie bei Fitzgerald werden große Mengen an Alkohol konsumiert.

Doch während Fitzgerald in *Zärtlich ist die Nacht* seine eigene Männlichkeit kritisch reflektiert und der Protagonist am Ende im Sumpf seines Alkoholismus versinkt, bleibt bei Hemingway die maskuline Stärke des Protagonisten unangetastet. Seine Potenz siegt. Den Alkohol verträgt er problemlos, er schreibt sein Buch und entscheidet sich für Marita, die ihn bewundert. Catherine, die mit ihrer sexuellen Abenteuerlust das Paradies zerstört hat, ist diejenige, die mit leeren Händen abreist. Auch wenn Hemingway den Roman nie selbst veröffentlichte, so ist das Buch doch ein weiterer Mosaikstein in dem Männlichkeitsideal, für das Hemingway sein ganzes Berufsleben lang ein Denkmal gebaut hat. In *Der Garten Eden* ist er wieder da, der hart trinkende Mann der wenigen, aber brillanten Worte. An diese Männlichkeitslegende, die Hemingway da strickte und die sich an der Côte d'Azur auch im Jahr 2023 hartnäckig zu halten scheint, muss ich immer denken, wenn ich im englischsprachigen Radiosender *Riviera Radio* Werbung für die Anonymen Alkoholiker höre. Oder wenn ich am Wochenende im Auto die braun gebrannten Radrennfahrer mit ihren aufgepumpten Schenkelmuskeln in ihren bunt glänzenden Lycra-Outfits überhole, während sie sich auf ihren Fahrrädern die Esterel-Berge hinaufquälen.

Hemingway wurde gerne auch Papa Hemingway genannt. Er war sowohl mit Fitzgerald befreundet wie auch mit den Murphys, die 1934 in die USA zurückkehrten. Nach ihrer Ära als strahlendes Königspaar der Côte d'Azur nahm ihr Leben eine traurige Wendung, als zwei ihrer Kinder starben. Es war, als würde das hässliche, reale Leben den ausgedachten Traum vom Paradies am Cap d'Antibes auslöschen. Die Murphys schufen sich ihre eigene Utopie und wurden dann doch vom Leid des Lebens eingeholt. Zu der Zeit, als die Murphys die Côte d'Azur verließen, hatte die Transformation der Côte d'Azur zum Zentrum hedonistischen Strandlebens der Sommermonate bereits Fahrt aufgenommen. Die 1930er Jahre sind ohne Zweifel das goldene Zeitalter der Côte d'Azur, von der die Region immer noch zehrt. Edward VIII. und seine Geliebte Wallis E. Simpson gehörten zu den regelmäßigen Gästen. Es war hier in einer Villa in Cannes, in der Simpson am 11. Dezember 1936 die Abdankungsrede Edwards im Radio verfolgte. Im Jahr darauf heirateten die beiden in einem Schloss im Loiretal. Eigentlich hatten sie an der Côte d'Azur heiraten wollen. König Georg VI. empfand den Ruf der Küste jedoch als zu anrüchig und moralisch dubios, als dass ein ehemaliger König hier den Bund fürs Leben schließen durfte. Die lose Moral, die Georg VI. mit der Côte d'Azur verband, stammte nicht zuletzt von den Vergnügungen, die der britische Autor und ehemalige Spion Somerset Maugham in seiner Villa am Cap Ferrat veranstaltete. Hier wohnte er in einer Villa, die er einem Untergebenen des belgischen Königs Leopold II. abgekauft hatte. Maugham, der 1926 nach Frankreich gezogen war, unter anderem, weil seine Homosexualität hier weniger Aufmerksamkeit erregte, machte die Villa zu einem Haus, in dem er berühmte Gäste wie Winston Churchill, die Windsors, und Autoren wie T. S. Eliot, H. G. Wells, Rudyard Kipling, Ian Fleming und Virginia Woolf willkommen hieß. Es war ein Ort, wo Prominente und Aristokraten auf die nicht ganz so feine, dafür aber amüsante Gesellschaft traf, deren Ruf möglicherweise nicht immer ganz fleckenfrei war. Der schreckliche Leopold wäre vielleicht empört gewesen (vielleicht auch nicht, denn in seiner eigenen Villa quartierte er seine minderjährige Geliebte ein), aber am Pool war Nacktbaden erlaubt und sexuelle Freizügigkeit Teil des Lebensgefühls. Am Cap Ferrat befindet sich auch die *Villa Santo Sospir*, genannt das tätowierte Haus. Sie gehörte früher der amerikanischen Öl-Magnatin Francine Weisweiller, die hier in den 50er Jahren das malende, dichtende und filmemachende Multitalent Jean Cocteau beherbergte. Die Wände dieser wunderbaren Villa, die heute zur Besichtigung steht, sind mit Zeichnungen Cocteaus überzogen, und man kann in jedem Zimmer spüren, dass hier früher wilde Partys veranstaltet und Opium geraucht wurden. Weisweiller empfing an diesem Ort Greta Garbo, Marlene Dietrich und Pablo Picasso. Vor allen Dingen aber ist es der Geist Cocteaus, der das Haus durchweht und der

an der Côte d'Azur immer wieder in Form von Fresken an Häusern und Kapellen auftaucht. Heute wohnen alternde Rockstars und Oligarchen am Cap Ferrat. Maughams Villa soll heute dem ukrainischen Oligarchen Dmytro Firtasch gehören, der seine Milliarden mit Gas-Deals mit Russland gemacht hat und sich im Exil in Wien befindet. Leopolds ehemalige *Villa Cèdres* gehört heute dem laut der *Financial Times* reichsten Mann der Ukraine, dem Oligarchen Rinat Achmetow. Auch Julian Lennon, der Sohn von John Lennon, hat hier einen Wohnsitz, ebenso der Bassist der irischen Band U2, Adam Clayton. Als ich bei einem Abendessen während der Filmfestspiele in Cannes Julian Lennon gegenübersaß, erzählte er mir, dass er manchmal Adam Clayton morgens am Strand begegnen würde. Das klang alles sehr nett, sehr exklusiv, sehr Yoga, aber irgendwie auch ein bisschen zahm im Vergleich zu dem, was man bei Maugham oder Weisweiller erleben konnte. Vielleicht tue ich den beiden aber auch unrecht, und in ihren Villen brennt regelmäßig der Mond mit den Glitterati aus Politik und Kultur. Es ist nur so, dass die Glocke aus Reichtum und Privileg, die über einem Ort wie dem Cap Ferrat hängt, nach außen hin so undurchlässig wirkt. Alles ist gefiltert, jeder lebt in seinem eigenen kleinen Königreich, wo er alles bestimmt, und nichts dem Zufall überlassen wird.

Natürlich wird an der Côte d'Azur zu Genüge gefeiert. Was ja ganz im Sinne Nietzsches ist, der sich als Verfechter des dionysischen Lebensgefühls sah. Die Anrüchigkeit, die dem englischen König so an diesem Küstenabschnitt missfiel, zeichnet die Côte d'Azur heute immer noch aus. In vieler Hinsicht ist die Côte d'Azur ein halbseidener Ort. Geld zieht nicht nur Geschichten, sondern auch Verbrechen an. Vielleicht bin ich mittlerweile etwas paranoid, aber Mitglieder des organisierten italienischen Verbrechens, sie scheinen auch hier präsent, und die ein oder anderen machen in den Wintermonaten gerne einen Ausflug nach Cannes.

Ich saß einmal an einem schönen Januartag in einem Straßencafé an der Croisette. Plötzlich hielt direkt vor mir, mitten auf der Straße, ein nagelneuer, riesiger SUV. Ein Mann Mitte 50 sprang heraus, teuer angezogen, mit groben Gesichtszügen und Stiernacken. Er ging schnurstracks auf einen jüngeren Mann zu, der an einem Tisch neben mir saß. Mir war vorher schon seine Begleitung aufgefallen, weil sie eine knallrote, sehr enge Lederjacke trug, dazu perfekt geföhnte lange Haare und sehr lange perlmuttfarbene Fingernägel aus Plastik. Auch die Ehefrau des SUV-Fahrers war nun ausgestiegen und stand wartend am Auto – ihre teure Birkin-Handtasche wie ein Schutzschild vor ihre Daunenweste haltend, die wahrscheinlich von derselben italienischen Luxusmarke stammte, die auch Wladimir Putin bevorzugt. Währenddessen begann ihr Mann im wüstesten Italienisch auf den Mann im Café einzuschimpfen. Der wiederum sprang auf und schrie zurück. Es war eine Szene wie aus einer Verdi-Oper, mit großen Gesten und explodierenden Gefühlen. Als Fan von italienischen Gangster-Serien verstand ich alle Kraftausdrücke, aber der eigentliche

Anlass des Streits blieb mir verborgen. Genauso plötzlich wie die *live performance* dieser Realversion der *Sopranos* begonnen hatte, war sie auch schon wieder vorbei. Der SUV-Fahrer und seine Frau stiegen in ihr Auto und fuhren mit quietschenden Reifen davon.

Ein weiterer Nebeneffekt der Anwesenheit extremen Reichtums ist Prostitution. Im Flieger zu den Filmfestspielen von Cannes kann es vorkommen, dass es sich bei etwa zehn bis zwanzig Prozent der Passagiere um SexarbeiterInnen handelt. Wenn man einen Blick dafür hat, sieht man an der Côte d'Azur überall Prostitution. Als ich vor Kurzem abends am Hafen an den Yachten vorbeiging, beobachtete ich, wie eine junge Sexarbeiterin im Mini-Corsagen-Kleid und hohen Plattform-Heels aus schwarzem Lackleder von ihrem Zuhälter auf einem Moped zu einem der größten Boote am Kai gefahren wurde. Ihr ging es nicht gut, sie hatte geweint und wirkte aufgeregt. Der Lude, ein schmächtiger Mann in unauffälligen Shorts und Leinenhemd, ignorierte das alles und war mit seinem Handy beschäftigt. Also stolperte sie auf ihren hohen Hacken über die Bootsbrücke und verschwand in der Tiefe der Yacht. Niemand der Angestellten auf den Nachbarbooten, geschweige denn den Besitzern oder Mietern, die auf einigen Bootsterrassen saßen und Wein tranken, bemerkte sie. Keiner der Männer hob seinen Kopf oder schaute ihr nach. Wie gesagt, Prostitution ist hier Teil des Alltags. Es gehört zum Konzept »Party machen«, ebenso wie Kokain, Ecstasy und die Sombrero-Tequila-Party, die ein paar Zigarre rauchende Amerikaner ein paar Boote weiter veranstalteten. So ein Sombrero-Kostüm hat natürlich etwas Hilfloses. Eine Freundin von mir, die mit Tech-Unternehmern arbeitet, von denen einige schon als Teenager ihre ersten 50 Millionen Dollar verdient haben, erklärte mir, dass diese Männer – die Frauen scheinen diesbezüglich weniger Probleme zu haben – oft völlig ahnungslos sind, was es bedeutet, Spaß zu haben. Sie haben ja die meiste Zeit ihres Lebens vor Computerbildschirmen verbracht. Also folgen sie dem Klischee.

Kaufen sich eine Yacht, weil ihnen jemand gesagt hat, dass man das eben so macht, wenn man Spaß haben will. Engagieren SexarbeiterInnen und veranstalten Sombrero-Tequila-Partys mit ihren ähnlich ahnungslosen Buddys. In Monaco sind es, so mein alter Freund Rick, hauptsächlich Hedgefonds-Manager und Typen aus der Finanzwelt, die hier »Party machen«. Sie tragen pastellfarbene Leinenhemden und Shorts und beginnen den Abend mit Mai Tais oder Long Island Iced Tea an einer Poolbar. Während sie sich mit ihren Cocktails warmtrinken, starren sie den Frauen am Pool hinterher, bei denen es sich laut Rick nicht selten um Sexarbeiterinnen handele. Von der Poolbar ginge es dann weiter zu einem der Beach Clubs wie 39 oder Le Meridien Beach Plaza, wo man essen und für Tausende von Euros Drei-Liter-Flaschen Rosé bestellen würde. Schon früh am Abend sei man hier völlig betrunken und entsprechend niedrig seien die Hemmschwellen. Später ginge es ins Jimmy'z, einem in Neonfarben getauchten Nachtclub mit dem Monopoly-Mann als Maskottchen. Im Jimmy'z seien dann wirklich die meisten Frauen Sexarbeiterinnen. Es sei eine Welt geprägt von einer rabiaten, haltlosen Liebe zu Geld. »Die Vernunft hat hier eindeutig das Zimmer verlassen. Alles ist möglich. Niemand hält hier irgendjemanden davon ab, irgendwas zu tun«, so Rick. »Das ist wie eine fluoreszierende J. G.-Ballard-Dystopie.« Der Wolf der Wall Street – in Monte-Carlo ist er immer noch auf Jagd. Angeblich soll der Pfad des Exzesses zum Palast der Weisheit führen. Aber die Art von Exzess, wie wir sie in Monaco und dem Rest der Côte d'Azur beobachten können, führt einfach nur – um Mark E. Smith von der Band The Fall zu zitieren – zum Palast des Exzesses. Transzendenz unwahrscheinlich. Als ich Rick sagte, dass es in Frankreich wohl keinen Ort gebe, der dem Tod näher sei als solche Nachtclubs, entgegnete er, damit würde ich den Tod verunglimpfen. Nichts an diesen Feier-Sitten ist wirklich neu oder bahnbrechend. Vielmehr ist diese Partyszene durchdrungen von einer profunden Banalität, die sich einer gewissen Bösartigkeit nicht erwehren kann. Was aber nicht heißen soll, dass es sie nicht immer noch gibt, die Côte-d'Azur-Partys, bei denen man sich intensiv am Leben fühlt. Bei denen wir die Grenzen der Realität hinter uns lassen. Bei denen der Geist des *Jazz-Age* immer noch geatmet wird.

Das Hotel du Cap war in den 1930er Jahren mehr denn je das Zentrum gesellschaftlichen Lebens und exklusiver Festivitäten. Nach Hemingway residierte hier nun ein anderer

Papa: »Papa Joe«, besser bekannt als Joseph Kennedy Sr., der hier mit seiner Frau und neun Kindern – darunter auch der junge John F. Kennedy, den Sommer verbrachte. »Papa Joe« war der Spitzname, den ihm ein anderer Hotelgast gegeben hatte, Marlene Dietrich. Sie war mit ihrer Tochter Maria Riva, ihrem Ehemann Rudolf Sieber, dessen Geliebten Tami sowie ihrem eigenen Geliebten Erich Maria Remarque angereist. Da Remarque sich jedoch tagsüber in seinem Hotelzimmer verschanzte, um an seinem neuen Roman *Arc de Triomphe* zu arbeiten, und sich aus lauter Verzweiflung angesichts des sich zusammenbrauenden Krieges abends in den Bars von Juan-les-Pins betrank, suchte sich Dietrich anderweitig Amüsement. Während ihre Tochter sich mit den Kennedy-Kindern anfreundete, begann Dietrich eine Affäre mit »Papa Joe«, der zu der Zeit als Botschafter der USA in London stationiert war. Es war Rudolf Sieber, der den betrunkenen Remarque nachts in den Bars auflas und zurück ins Hotel brachte. Familienurlaub Marlene-Dietrich-Style.

Die Selbstbestimmtheit Marlene Dietrichs wurde noch übertroffen von einer anderen Frau, die viel Zeit an der Côte d'Azur verbrachte und nachhaltig die Bilder prägte, die wir heute noch mit der Côte d'Azur verbinden. Wie Dietrich widersetzte sie sich den Regeln, denen Frauen bis dahin unterworfen waren. Ihr Vermächtnis kann als eine Neudefinierung von Weiblichkeit verstanden werden: Coco Chanel. Die Pariser Modeschöpferin transformierte mit ihren ebenso eleganten wie schlichten Kleidern die Außenwirkung von Frauen. Alles Überverzierte und Püppchenhafte wurde entfernt. Chanel gab Frauen eine Rüstung, mit der sie die Männerwelt erobern und trotzdem feminin wirken konnten. Ähnlich wie Marlene Dietrich popularisierte sie Hosen für Frauen, vor allem die weiten Matrosenhosen, die sie an der Côte d'Azur trug. Feminine Stärke und Unabhängigkeit verkörperte Chanel auch in ihrem eigenen Leben. Innerhalb nur weniger Jahre baute sie sich ein Modeimperium auf, dem sie 1921 mit dem extrem erfolgreichen Launch ihres eigenen Parfums Chanel No. 5 eine stabile finanzielle Grundlage gegeben hatte.

Das Herz von Chanel No. 5 bildet die Jasminblüte. Sie wird – wie viele andere für die Parfumherstellung beliebten Pflanzen auch – in Grasse und Umgebung angebaut. Grasse ist seit dem 17. Jahrhundert die Welthauptstadt der Düfte. Die Stadt liegt nur wenige Kilometer hinter Cannes und ist doch eine völlig andere Welt. Abgesehen vom altertümlich-mediterranen Stadtkern handelt es sich hier um eine kleine Industriestadt, spezialisiert auf eine Form menschgemachter Magie, die wie sonst nur Sex oder Musik unser Gehirn ausschalten und uns direkt in der Seele berühren kann: Parfum. Hier in Grasse und Umgebung werden die Blüten der Côte d'Azur – Jasmin, Mai-Rose, Tuberose, Mimosen, Orangenblüten, Veilchen und Lavendel – angebaut, geerntet und ihr Duft destilliert. Seit 1987 hat das Haus Chanel eine exklusive Partnerschaft mit der Familie Mul, dem größten Blütenanbauer der Region. Die Blumenzucht wird hier als Kunst verstanden, und die Felder der delikaten Mai-Rose, die nur früh morgens im Mai geerntet werden kann, werden aus Lautsprechern mit klassischer Musik beschallt. Die Schallwellen sollen Schädlinge bekämpfen. Chanel No. 5 ist immer noch das meistverkaufte Parfum der Welt. Der Duft revolutionierte die Modewelt, denn es war das erste Parfum eines Pariser Modehauses. Bis dahin waren Parfums ausschließlich von Parfumeuren und Parfumhäusern wie etwa Guerlain kreiert worden. Mittlerweile ist es normal, dass jeder Modedesigner irgendwann einen Duft auf den Markt bringt. Parfums gehören heute zu einer der Haupteinnahmequellen der großen Modehäuser, denn mit Parfums kann der Massenmarkt bedient werden. Grasse spielt in diesem Geschäftsfeld immer noch eine wichtige Rolle. Zyniker würden sagen, dass mit Parfums einfach nur Marketingträume in Fläschchen verkauft werden. Dass da unsere Sehnsucht nach Liebe, Anerkennung und Begehren zu Markte getragen wird. Eine Sehnsucht, die das Geruchsgenie Jean Baptiste Grenouille in Patrick Süskinds Weltbestseller *Das Parfum* zum Serienmörder macht. Grenouille, der in Grasse seinen mörderischen Intentionen nachgeht, will den Duft von schönen Frauen einfangen und so das ultimative Parfum schaffen, damit andere Menschen ihn wahrnehmen und lieben. Ein menschliches Grundbegehren, das jedes Parfum zu stillen verspricht. Begehren, das ist der ungreifbare und doch so mächtige Stoff, der unsere Konsumgesellschaft am Laufen hält. Wir Menschen der Gegenwart sind Kreaturen des Begehrens. Nicht

so sehr des rauschhaften Willens im Sinne von Nietzsche, der in Richard Strauss' neuromantischer Symphonie von 1896 *Also sprach Zarathustra* vertont wurde (und später den Soundtrack von Stanley Kubricks »2001: Space Odyssee« bildete), sondern der Sehnsüchte, Affekte, Ängste und Widersprüche, wie Freud sie in seiner Lehre der Psychoanalyse beschrieb.

Grasse ist ein seltsamer Ort. Begehren liegt in der Luft und doch hat der alte Stadtkern etwas Düsteres. Aber Begehren und Lust brauchen die Dunkelheit. Nur im Verborgenen können sie aufblühen. Wenn im Nachtclub das Licht angeht, dann ist die Party vorbei. Und in einem Haus, in dem jedes Zimmer hell wie ein Operationssaal ausgeleuchtet ist, kann man nicht leben und schon gar nicht lieben. Doch in Grasse liegt noch etwas anderes in der Luft, etwas Unheimliches. Eine ungreifbare Dunkelheit, die über das geheime Begehren hinausgeht. Man versteht, warum Süskind den Ort zum Schauplatz einer Serienmörder-Geschichte machte. Mich fasziniert Grasse, und ich fahre gerne dorthin. Ich besuche dort sowohl die großen Parfumhäuser wie Fragonard und Molinard, als auch die unabhängigen Parfumeure, deren kleine Boutiquen in der Altstadt verstreut sind. Diese Parfumeure haben alle ihre persönliche Geschichte, wie sie zur »Nase« geworden sind, und es ist interessant, sich mit ihnen zu unterhalten. Ich habe dort schon ein Männerparfum gefunden, das von Motorenöl und Benzin inspiriert ist. Ein anderer Parfumeur, Olivier Durbano, studierte Architektur und kreiert jedes Jahr einen neuen Duft, der einem anderen Edelstein gewidmet ist. Jeder Flacon enthält auch ein kleines Steinchen. Seine Düfte sind absolut außergewöhnlich und mit nichts zu vergleichen, was man auf dem kommerziellen Parfummarkt findet. Mein Mann Bernd, der Süskinds *Parfum* verfilmte, war übrigens kein großer Fan der Stadt. Während er, Andrew Birkin und Tom Tykwer an dem Drehbuch zu *Das Parfum* arbeiteten, stattete er Grasse nur einen kurzen Besuch ab. Das sei ihm alles zu industriell und unfreundlich erschienen, rechtfertigte er. Der Film selbst wurde in Barcelona gedreht. Allerdings führte der Film dazu, dass seitdem mehr Touristen nach Grasse kommen und die Stadtverwaltung sich mittlerweile viel Mühe gibt, diese nicht zu verschrecken. Das Grasse von heute ist sehr viel charmanter als das von vor zwanzig Jahren.

Die Tatsache aber, dass Duft überhaupt so eine wichtige Rolle in unserem Alltag beziehungsweise in unserer Konsumgesellschaft spielt, haben wir Coco Chanel zu verdanken. Sie war es, die das Lebensgefühl der modernen Frau in Mode und Parfum destillierte. Ende der 1920er Jahre hatte Chanel alle Schallmauern durchbrochen, die ihr durch ihr Geschlecht und ihren sozio-ökonomischen Hintergrund gesetzt worden waren. In Armut geboren und in einem Waisenhaus aufgewachsen, arbeitete sie anfangs als Cafésängerin und hielt sich mithilfe von wohlhabenden Männern über Wasser – ein Stigma, das damals wie heute schwer zu überwinden ist. Falls Nietzsches Konzept des Übermenschen tatsächlich real gelebt werden kann, so würde Coco Chanel sicherlich als Kandidatin infrage kommen. Und man kann sich in diesem Zusammenhang fragen, ob die Grundidee des Übermenschen, dass wir über uns selbst hinauswachsen, nicht per se emanzipatorisch, ja feministisch ausgelegt werden sollte. 1928 ließ sich Coco Chanel in Roquebrune-Cap-Martin, eben genau an der Küste zwischen Monaco und der italienischen Grenze, wo Nietzsche seine Wanderungen unternommen hatte – ihre eigene Villa namens *La Pausa* errichten. Das Gebäude ist benannt nach Maria Magdalena, die hier haltgemacht haben soll, nachdem sie Jerusalem nach der Kreuzigung Jesu verlassen hatte. In Cannes gab es bis vor Kurzem eine Boutique namens L'Antiquaire et la Mode, zugegeben mein Lieblingsladen, in dem die Besitzer Eric und Fabio Vintage-Mode verkauften. Hier hatte ich mal ein altes Chanel-Kostüm aus rosa-weiß-blauem Woll-Tweed erstanden. Ein enger Bleistiftrock mit einer box-förmigen Jacke und goldenen Knöpfen. Ich habe mir es hauptsächlich deswegen gekauft, weil es aus den frühen 60er Jahren stammt und Madame Chanel damals noch als Designerin in ihrem Haus tätig war. Zu wissen, dass Coco Chanel selbst dieses Kostüm entworfen hat, freut mich jedes Mal, wenn ich meine Schranktür öffne. Ihr Geld verdienen Eric und Fabio mittlerweile online, jedoch nicht mit solch seltenen Vintage-Couture-Stücken, die sie nur auf Nachfrage und dann auch etwas widerwillig aus ihrem riesigen Lager holen und dann traurig wirken, wenn sie sie tatsächlich verkaufen müssen. Nein, eins ihrer

Hauptgeschäfte sind gebrauchte Designer-Handtaschen von Chanel, Hermès und Louis Vuitton. Sie beziehen diese Taschen oft von alten Damen, die sich an der Côte d'Azur zur Ruhe gesetzt haben und hier eine Quasi-Freundschaft zu den VerkäuferInnen in den hiesigen Designer-Boutiquen aufgebaut haben. Um weiterhin als gute Kundin behandelt und als solche mit Aufmerksamkeit belohnt zu werden, müssen sie immer wieder etwas Neues kaufen – und das gebrauchte Stück geht dann an Eric und Fabio. In diesem Sinne funktionieren die Designer-Boutiquen auf der Croisette oder in Saint-Tropez wie ein Sozialclub für einsame Reiche mit extrem hohem Mitgliedsbeitrag, der aber absetzbar ist, wenn man Secondhand-Abnehmer gefunden hat. Auch Eric und Fabios Boutique wurde von manchen Kundinnen als sozialer Anlaufpunkt betrachtet. Was in dem winzigen Laden immer wieder zu Komplikationen führte. Eine Zeitlang mussten Eric und Fabio den für die Kundschaft gedachten Stuhl aus dem Laden entfernen, weil sich einige Damen stundenlang darauf niederließen und sie ausführlich über die Details ihres Alltagslebens informierten, ohne jemals etwas zu kaufen. Sie verstanden nicht, dass Psychotherapie nicht zum Geschäftsmodell der Boutique gehörte. Doch mit oder ohne Stuhl, L'Antiquaire et la Mode war ein lokaler Dreh- und Angelpunkt. Nicht nur auf sozialer Ebene, sondern auch in der Secondhandmodewelt. Immer wieder tauchten hier Mode-Influencer auf und posteten Selfies, die beweisen sollten, dass sie Vintage kaufen und deswegen mehr sind als wandelnde Werbeflächen für große Konzerne. Mittlerweile gelten gebrauchte Designer-Handtaschen auch als Anlageobjekte. Das hat dazu geführt, dass vor Kurzem auf der Croisette ein Laden eröffnet hat, wo Designer-Handtaschen aus zweiter Hand nur zu diesem Zweck verkauft werden. Diese Taschen zeigen keinerlei Gebrauchsspuren und stehen ausgeleuchtet wie religiöse Reliquien in den Vitrinen. Sie sind ganz offensichtlich nicht zum Gebrauch bestimmt. Vielmehr ist der Gedanke hinter diesen Objekten, dass man sie nach Erwerb sicher in Taschen-Sack und Schachtel verpackt im Kleiderschrank aufbewahrt. Ab und zu darf man sie rausholen und sich damit vor den Spiegel stellen oder ein Selfie machen. Aber ansonsten liegt hier das Vergnügen nicht im Benutzen, sondern allein im Besitzen. Beziehungsweise im heimlichen Wissen, dass man im verborgenen Kämmerlein diese Taschen aufbewahrt. Die Fetischisierung eines Gebrauchsgegenstands ist hier total. Aber natürlich alles im Namen der Wertsteigerung.

Auch in Eric und Fabios Boutique gab es Vitrinen. In ihnen befanden sich jedoch keine Taschen – diese standen in der wild durcheinandergewürfelten Schaufensterauslage – sondern ein weiteres Produkt, das von Coco Chanel neu erfunden wurde: Modeschmuck. Vor Chanel galt Modeschmuck als billig und minderwertig. Als sie ihren eigenen, hochwertig produzierten Modeschmuck in ihre Kollektionen integrierte und erklärte, dass Frauen echten und falschen Schmuck mischen sollten, war das eine Revolution.

Möglicherweise angeregt von Sara Murphy, die ihre echten Perlen immer im Badeanzug am Strand La Garoupe trug, weil sie überzeugt war, das Sonnenlicht würde sie strahlen lassen, erklärte Coco Chanel falsche Perlen zum ultimativen Modeaccessoire. Schmuck sollte, so Chanel, die Trägerin nicht reich aussehen lassen, sondern sie schmücken. Mit einem Mal war Stil nicht mehr eine Frage des Geldes. In Eric und Fabios Boutique stapelte sich in den Vitrinen Modeschmuck von Chanel und anderen Modehäusern, die es ihr nachmachten. Der kleine Laden glitzerte und schimmerte wie Aladins Höhle. Mit dem Unterschied, dass alles Gold, was hier glänzte, unecht war. Viele der massiven Colliers und dramatischen Ohrringe waren Sammlerstücke, wie man sie in Design-Museen findet. Und doch war hier nichts massiv, nichts wertvoll im materiellen Sinn. Ich klebte an den Vitrinen und hätte am liebsten alles besessen. Der Fake-Glanz betörte mich. Schließlich ist das Simulacrum – die Vorspiegelung eines realen Gegenstands – so viel interessanter und erfinderischer als die tatsächliche Realität. Denn die Vorspiegelung, das Traumbild, muss nicht am Boden der Tatsachen festkleben. Hier geht es nicht um Status, sondern Spaß. Eric und Fabio hatten jedoch eine Kundin, die diese Vitrinen zwar auch liebte, jedoch völlig anders auf sie reagierte. Sie war die Sheika eines Öl-produzierenden Golfstaats. Ihren Bruder, das Staatsoberhaupt, so erzählte mir Fabio, könne man manchmal durch die Straßen von Cannes gehen sehen. Natürlich immer mit seinem männlichen Hofstaat, der in einer Pyramiden-Formation hinter ihm herginge. Wer dem Oberhaupt verwandtschaftlich am nächsten steht, sei ihm auch innerhalb der Pyramide am nächsten, so Fabio. Die Sheika kam immer in Begleitung von zwei Hofdamen in die Boutique. Mehr passten nicht in den Laden. Die eine Dame war für das Bezahlen zuständig, und die andere nahm die Tüten entgegennehmen und trug sie. Die Sheika sei eine sehr elegante Person und wisse viel über Mode- und Designgeschichte, betonte Fabio. Doch wenn sie Modeschmuck kaufte, dann nicht, um ihn zu tragen. Vielmehr würde sie die gekauften Stücke zu Hause ihrem Goldschmied übergeben. Der würde sie dann aus echtem Gold und mit echten Edelsteinen nachmachen. Das Simulacrum wird kopiert und dabei in echte Goldrealität verwandelt. Das ist zwar so gar nicht in Coco Chanels Sinne, aber im Feudalismus der fossilen Brennstoffe hat auch Chanel keine Stimme mehr im Rat.

Realität hat noch nie jemanden interessiert.
JEAN BAUDRILLARD

Zu den vielen illustren Besuchern, die in den 20er Jahren die Côte d'Azur für sich entdeckten, gehörte auch der britische Politiker Winston Churchill. Churchill, ein begeisterter Hobby-Maler, war damals zu einer Malerei-Exkursion hergekommen. Er sollte die nächsten 30 Jahre viel Zeit hier verbringen und die Küste in zahlreichen naturalistischen Gemälden festhalten. Vor allem in den 1930er Jahren, Churchills sogenannten »Jahren der Wildnis«, als er keinen Regierungsposten innehielt, war er ein oft gesehener Gast in der Art-déco-Villa der amerikanischen Schauspielerin und Geschäftsfrau Maxine Elliott, dem sogenannten *Chateau de l'Horizon*. Das gewaltige Chateau thront ausufernd an der Küste von Golfe-Juan und ist heute die Sommerresidenz des Königs von Saudi-Arabien Salman ibn Abd al-Aziz Al Saud. Letzterer löste vor ein paar Jahren eine Kontroverse aus, weil er einen Aufzug von seiner Villa zum Strand bauen und mit einem Gitter den öffentlichen Strand absperren wollte. Der örtliche Bürgermeister verweigerte dem Saudi-König die Baumaßnahmen, was als Sieg der Demokratie und des Gleichheitsprinzips gesehen wurde. Da der König jedoch ein wichtiger Arbeitgeber in der Region ist und ein kleiner Hofstaat an Angestellten und Unternehmen wie Blumengeschäfte, Sicherheitsfirmen und Wäschereien auf ihn angewiesen sind, gab es auch Gegenstimmen. Das Blau der Côte d'Azur wird immer wieder zu einer Grauzone, wenn es um die Macht des Geldes geht.

Auch damals in den 1930ern verkehrten illustre Gäste im *Chateau de l'Horizon*, darunter auch der Herzog und die Herzogin von Windsor sowie die Londoner Salonlöwin Doris Delevingne, berühmt für ihre langen Beine. Mit Delevingne, der Großtante des Models Cara Delevingne, die 2013 während der Cannes-Filmfestspiele ihren großen Auftritt hatte und so ihre internationale Karriere startete, soll Churchill angeblich eine Affäre gehabt haben. Vor allem aber waren es seine regelmäßigen Ausflüge ins Casino von Monte-Carlo, die seiner Frau Clementine Sorgen bereitete. Im Casino begegnete Churchill unter anderem Coco Chanel, die hier im weißen Satinkleid und Perlen spielte. Während sonst überall in Europa die Angst und Anspannung angesichts eines drohenden Krieges anstiegen, wurde an der Côte d'Azur weiter gefeiert und gezockt, als gäbe es keine Bücherverbrennungen, keine Judenverfolgung, keinen Einmarsch ins Rheinland, keinen österreichischen Anschluss und keinen Einmarsch italienischer Truppen in Abessinien. Zwar wurde Churchill nicht müde auf die Gefahren Hitlers und Mussolinis hinzuweisen, doch wer war er schon? Ein abgehalfterter Politiker im roten Bademantel und Badehose am Pool einer reichen Amerikanerin. Dabei waren die Auswirkungen der Nazidiktatur auch an der Côte d'Azur zu sehen und zu spüren. Immer mehr Deutsche sahen sich gezwungen, Deutschland zu verlassen und Zuflucht in Frankreich zu suchen. In Sanary-sur-Mer hatte sich, wie schon erwähnt, eine Enklave deutscher Emigranten gebildet. Systemkritische Schriftsteller wie Thomas und Heinrich Mann, Bertolt Brecht und Lion Feuchtwanger bildeten hier das »Weimar an der Riviera«. Wenn zuvor viele ihren Nietzsche und seinen *Zarathustra*, der nur wenige Kilometer entfernt entstanden war, noch verehrt haben mochten, so zeigten sich nun die Auswirkungen dieses Buchs auf schrecklichste, ja, katastrophale Weise. Thomas Mann beschrieb nach dem Krieg in seinem Essay *Nietzsches Philosophie im Lichte unserer Erfahrung*, wie die Nationalsozialisten das Buch für ihre Ideologie des Barbarismus ausschlachteten und Nietzsches Übermensch zu nichts anderem wurde als »der Idealisierung des faschistischen Führers, und dass er (Nietzsche) selbst mit seinem ganzen Philosophieren ein Schrittmacher, Mitschöpfer und Ideensouffleur des europäischen, des Welt-Faschismus« wurde. Alles, was Nietzsche in seiner Überreiztheit und Naivität ob der Schrecken des Krieges gegen »Moral, Humanität, Mitleid, Christentum und für die schöne Ruchlosigkeit, den Krieg, das Böse gesagt hat, war leider geeignet, in der Schund-Ideologie des Faschismus seinen Platz zu finden«. Die Schriftsteller in Sanary-sur-Mer waren sich der fürchterlichen Entwicklungen in Deutschland bewusst. Sie schrieben dagegen an, hielten Vorträge über die Massenmanipulation, die menschenverachtende Pöbelei und das Kultur-Banausentum der Nationalsozialisten. Doch außerhalb ihres kleinen Zirkels hörte ihnen kaum jemand zu.

Gestern, am 3. Juli 2023, war der heißeste Tag, der jemals auf unserem Planeten gemessen wurde. Die Klimaerhitzung galoppiert uns davon. Die Katastrophe ist nicht, was kommt, sie ist schon da. Doch wer sich wie ich gerade in der Hauptsaison an der Côte d'Azur aufhält, könnte meinen, dass alles nicht so schlimm ist und sich schon von allein regeln wird. Überall sieht man Superyachten – es scheinen sogar mehr zu sein als letztes Jahr –, aus den Designer-Boutiquen bläst die eiskalte Luft der Klimaanlagen, und es wird ohne Rücksicht auf Verluste konsumiert. Das, was hier vor sich geht, wirkt nicht so sehr wie vernachlässigte Eigenverantwortung, sondern systemische Ignoranz. Vielleicht liegt dieses Desinteresse daran, dass die exorbitant Reichen, die an der Côte d'Azur residieren und von denen hier viele Menschen finanziell abhängig sind, ihren Reichtum fossilen Brennstoffen verdanken. Auf jeden Fall erinnert mich das alles sehr an die 1930er Jahre: Die Welt steht kurz vor einem globalen Desaster, aber an der Côte d'Azur steckt man die Köpfe in den Sand und feiert weiter.

Auch nach Ausbruch des Zweiten Weltkriegs konnte die Region noch eine gewisse Normalität aufrechterhalten. Da die Côte d'Azur anfangs von der italienischen Armee besetzt war, hielten viele Juden die Region für sicher und flüchteten hierher. Auch heute noch flüchten Menschen aus Kriegs- und Krisengebieten an die Côte d'Azur. Nicht nur die Armen, sondern auch die Wohlhabenden. Aber Flucht ist immer traumatisch, auch wenn man im vermeintlichen Paradies gelandet ist. Unter den jüdischen Deutschen, die vor den Nazis an die Côte d'Azur geflüchtet waren, befand sich auch die Berliner Künstlerin Charlotte Salomon, die sich fünf Jahre lang in Villefrance-sur-Mer, einem Ort in der Nähe von Nizza, versteckte. Hier produzierte sie zwischen 1941 und 1943 *Leben? oder Theater?: Ein Singspiel* – ein riesiges Werk von 769 einzelnen Malereien mit Worten auf Papier, die im Stil einer expressionistischen *Graphic Novel* ihre Familiengeschichte und ihr eigenes Leben und Lieben unter der Naziherrschaft darstellen. Es gilt als das größte Kunstwerk, das von einer jüdischen Person während des Holocausts produziert wurde, und wurde vor Kurzem im Münchner Lenbachhaus Museum ausgestellt. Das letzte Bild zeigt Charlotte Salomon, wie sie am Strand der Côte d'Azur sitzt: eine junge Frau im modernen Badeanzug, mit Papier und Pinsel in der Hand vor dem großen, strahlenden Blau. Ein Bild, wie es auch heute gemalt werden könnte. Die Welt scheint schön, alles ist noch mal gut gegangen. Doch es war alles nur Theater. Kurz darauf wurde Salomon denunziert und von der Gestapo gefangen genommen. Zwei

Wochen später wurde Charlotte Salomon bei ihrer Ankunft in Auschwitz ermordet. Sie war im fünften Monat schwanger.

To boldly go where no man has gone before.
CAPTAIN KIRK, RAUMSCHIFF ENTERPRISE

Coco Chanel war nicht die einzige Frau, die sich in Roquebrune-Cap-Martin ein Haus ganz nach ihren Vorstellungen schuf. Auch Eileen Gray, die irische Architektin, Möbeldesignerin und Ikone der Moderne, baute hier zwischen 1926 und 1929 eine Villa für sich und ihren Liebhaber Jean Badovici, genannt E. 1027. Das vor Kurzem renovierte Gebäude sitzt wie ein fragiles Origami-Gebilde strahlend weiß auf einem Cliff über der Brandung. Eine Stein und Licht gewordene Vision der Zukunft. Im Gegensatz zu der Architektur ihrer männlichen Kollegen der Moderne, strahlt das Haus keine Kälte aus, sondern Zartheit und Sinnlichkeit. Hier siegt nicht die Logik über das Gefühl. Für Gray war ein Haus keine »Wohnmaschine« wie für Le Corbusier, sondern eine Manifestierung des Menschen, ein Ort des Schutzes und eine Verkörperung seines Wesens. Grays Architektur will weder Mensch noch Natur beherrschen. Sie will ihre Ideen niemanden überstülpen, sondern Geist und Gefühl existieren in Harmonie. Die weißen Wände lassen Platz für den Menschen, und erlauben Meer, Himmel und Natur ihre Wirkung zu entfalten. Deswegen war es ein schrecklicher Anschlag auf ihre Person, ja fast schon wie eine Vergewaltigung, als nach dem Ende ihrer Beziehung zu Badovici dieser Le Corbusier erlaubte, die Innenwände des Hauses mit teilweise obszönen Fresken zu bemalen. In einer Geste, die seltsam kompetitiv anmutet und von einem unnötigen Rivalitätsdenken zeugt, zerstörte Le Corbusier so das Werk von Gray. Etwa 30 Jahre später starb Le Corbusier 1965 in der Bucht von Roquebrune, als er dort beim Schwimmen einen Herzinfarkt erlitt.

Die Côte d'Azur ist übersät von solchen Stein gewordenen Visionen der Zukunft. Einige davon gelungen, andere dagegen weniger. Die Fondation Maeght in einem Pinienhain in Saint-Paul-de-Vence, Frankreichs erste unabhängige Kunststiftung und erbaut 1964, ist das schönste Museum, das ich kenne. Die Stiftung ist mit Werken von Joan Miró, Georges Braque, Alberto Giacometti, Marc Chagall, Alexander Calder und Barbara Hepworth ein Tempel der Klassischen Moderne. Testament dafür, wie Menschen die Traumata des 20. Jahrhunderts überwinden konnten. Es ist ein Ort, der durchdrungen ist vom Glauben an eine bessere Zukunft und an das Gute im Menschen. Dieser Glaube, dass wir als Menschen über uns hinauswachsen können, spiegelt sich sowohl in der Kunst, die dort ausgestellt ist, als auch in der Architektur des Gebäudes von Josep Lluís Sert. Ich versuche, so oft wie möglich dorthin zu kommen. Dort vergesse ich die fiebrigen Materialschlachten anderswo an der Côte d'Azur und erinnere mich daran, was diese Region so besonders macht. Nämlich, dass sich hier Menschen versammelt haben, deren Suche nach einem Sinn im Leben nicht im Erwerb einer Superyacht endete, sondern in der Schaffung von Kunst, die uns das Leben über das Materielle hinaus intensiv erfahren lässt. Ein paar hundert Meter von der Fondation entfernt befinden sich die Überreste des Hauses des amerikanischen Schriftstellers James Baldwin. Trotz Protesten wurde das Haus vor einigen Jahren zu einem Luxus-Apartmentkomplex umgebaut. Vielleicht bilde ich es mir auch nur ein, denn es gibt kein Schild, das auf Baldwin hinweist, aber ein Teil des Gebäudes scheint mir immer noch am Rande des von Oleander überwucherten Weges zu stehen. Baldwin war 1970 nach Saint-Paul-de-Vence gezogen, nachdem drei seiner Freunde in den USA ermordet worden waren – die Bürgerrechtsaktivisten Medgar Evers, Malcolm X und Martin Luther King Jr.. Beschreibungen der Côte d'Azur findet man jedoch schon in Baldwins Roman *Giovannis Zimmer* von 1956. Baldwin sollte bis zu seinem Tod 1987 hier leben und arbeiten. Oft wird gesagt, dass das Haus Baldwin vor einem ähnlichen Schicksal wie dem seiner ermordeten Freunde gerettet habe. Tatsache ist, dass er aus der sicheren Entfernung dieses Hauses einige seiner besten Beobachtungen zur US-amerikanischen Ge-

sellschaft, Rassismus und Homophobie schreiben sollte. Zu seinen zahlreichen Werken, die hier entstanden, gehören *If Beale Street Could Talk, Harlem Quartet* sowie sein offener Brief an Angela Y. Davis von 1970, in dem er seine Solidarität mit der Black-Power-Bewegung bekundete. Durch Baldwin kamen zahlreiche Ikonen der amerikanischen Bürgerrechtsbewegung nach Saint-Paul-de-Vence, darunter auch Harry Belafonte, Miles Davis und Nina Simone. Bei den vielen Touristenläden, Luxusimmobilien und Tausenden von Besuchern, die sich jährlich durch die engen Gassen des Ortskerns schieben, vergisst man es gern, aber Saint-Paul-de-Vence ist nicht nur irgendein mediterranes Bergdorf. Es ist ein Ort, wo man sich daran erinnern kann, wie sich das früher angefühlt hat: der Glaube an eine bessere Zukunft.

Im Garten der Fondation Maeght hat der spanisch-katalanische Künstler Joan Miró ein großartiges Labyrinth aus Skulpturen angelegt. Teilweise sind die Werke so angeordnet, dass sie vor dem Hintergrund des weiten Küstenpanoramas stehen. Man betrachtet die Skulpturen und schaut dabei hinunter ins Tal, hinab zum Meer. Dabei kann man die Spitzen eines riesigen Gebäudekomplexes erkennen, der sich wie ein Gegenstück zur Fondation Maeght am Meeresrand erhebt. Es handelt sich um die Marina Baie des Anges, eine riesige Wohnanlage in Form von tsunamihaften Wellen, die sich in der Küstenstadt von Villeneuve Loubet um einen künstlichen Hafen krümmt. In den 1960er Jahren geplant, wurde die Anlage 1970 eröffnet, aber erst Anfang der 1990er fertiggestellt. Auch hier war der Gedanke, eine bessere Welt zu schaffen. 6000 Menschen sollten in 1600 Wohnungen Zugang zu Sommer, Sonne und Meer gegeben werden. Im Gegensatz zu den Zuckerbäcker-Luxushotels des 19. Jahrhunderts, die nur der Oberklasse zugänglich waren, sollte die Marina Baie des Anges die Utopie der Wohlstandsgesellschaft verwirklichen. Eine breite Mittelschicht mit sicheren Arbeitsverhältnissen und garantiertem Urlaub sollte hier die Vorzüge des Kapitalismus genießen können. J. G. Ballard schrieb über das Gebäude in seinem dystopischen Thriller *Super Cannes,* dass sich hier Logik und Realität biegen würden. Der Wohlstandstraum der Anlage ging nicht auf. Die meisten Läden im kleinen Einkaufszentrum der Marina stehen leer. Der Hafen ist zu klein für Superyachten. Hier wohnen heute hauptsächlich Rentner und Touristen. Die Anlage umweht der melancholische Charme architektonischen Versagens. In kleineren Versionen gibt es solche Wohnanlagen und Apartmentgebäude überall an der Côte d'Azur.

Nicht selten sind sie wie die Marina Baie des Anges von einem Wirrwarr aus Einkaufszentren, Schnellstraßen und Giga-Märkten umgeben. Das fühlt sich meist sehr amerikanisch-maximalistisch an: riesige, kastenförmige Läden mit weiträumigen Parkplätzen, in denen man von Klavieren bis hin zu Brot, Jeans und Toiletten alles kaufen kann. Diese weiträumigen Nirgendwo-Orte sind auch Labyrinthe. Der Unterschied zu dem Labyrinth in der Fondation Maeght ist, dass hier alles gleich aussieht. Anstatt mit Skulpturen wie bei Miró versprechen hier Sonderangebote Transzendenz. In den Momenten, wenn ich verwirrt durch diese Bezirke fahre, wieder einmal die Ausfahrt im Kreisverkehr verpasse und verzweifelt nach dem Giga-Laden meiner Wahl suche, muss ich daran denken, dass in Paris nicht nur eine, sondern fünf kleine Kopien der New Yorker Freiheitsstatue stehen.

Mit ihrer Hingabe zum Konsum wirkt die Côte d'Azur vielerorts wie die Realität gewordene Version eines Romans, der auch hier entstanden ist: *Schöne neue Welt* von Aldous Huxley. Ähnlich wie H. G. Wells, der unter anderem mit Science-Fiction-Romanen wie *Die Zeitmaschine* und *Der Krieg der Welten* berühmt geworden war und 1932 an der Côte d'Azur *The Shape of Things to Come* schrieb, verbrachte Huxley viel Zeit an der Côte d'Azur. 1930 erwarb Huxley eine Villa in Sanary-sur-Mer und lebte hier mit seiner Frau Maria. Während H. G. Wells in seinem 1933 veröffentlichten Roman *The Shape of Things to Come* Massenvernichtungswaffen sowie die Flächenbombardierung von Städten voraussah, die sich nur wenige Jahre später bewahrheiten sollte, blickte Huxley mit dem 1932 erschienenen Roman *Schöne neue Welt* in eine fernere Zukunft, die erst jetzt in unserer Gegenwart immer mehr Realität zu werden scheint. In *Schöne neue Welt* beschreibt Huxley eine Gesellschaft, die in strikte Kasten aufgeteilt ist. Fortpflanzung findet im Reagenzglas statt und schon vor der Geburt eines Kindes steht fest, in welche Kaste es hineingeboren wird. Jeder Mensch

hat hier ganz bestimmte Merkmale, die ihn einer Kaste zuordnen und ihm bestimmte gesellschaftliche Aufgaben geben. Sozialer Auf- oder Abstieg ist nicht möglich, jeder ist sich seiner Fähigkeiten und Grenzen bewusst und mit seinem Platz in der Gesellschaft zufrieden. An der Spitze der Gesellschaft stehen die Alphas, die von allen Schichten am intelligentesten und durchsetzungsstärksten sind. Ihnen untergeordnet sind die Betas, Gammas und Deltas. Der freie Wille und damit auch Leidenschaft, Schmerz und Zweifel sind in dieser Gesellschaft abgeschafft. Jeder Mensch tut, wofür er geboren wurde. Sex ist nicht länger mit Scham behaftet, sondern nur eine der vielen Freizeitaktivitäten, die den Menschen in der *Schönen neuen Welt* zur Verfügung stehen. Wenn doch einmal unangenehme Gefühle aufkommen, nehmen die Menschen die Glücksdroge »Soma«, die sie sofort wieder zu funktionierenden Mitgliedern der Gesellschaft werden lässt. Die Menschen in Huxleys schöner neuer Welt sind wie grasende Kühe, die möglichst viel konsumieren und so die Räder der Wirtschaft am Laufen halten. Über Tod oder das Morgen wird nicht nachgedacht. Sie leben in der ewigen Konsumgegenwart.

Vor Kurzem fuhr ich gemeinsam mit dem Fotografen Christian Werner mit der Fähre von Cannes nach Saint-Tropez. Schon als wir uns dem Hafen näherten, hatte ich das Gefühl, mich in eine huxleyeske Dystopie zu begeben. In der Bucht lagen so viele Superyachten vor Anker, wie ich sie in dieser Dichte und Größe noch nie gesehen hatte. Billionen von Euro schwammen hier im Wasser, wie eine Armee der Alphas, die scharf und unmissverständlich ihre Dominanz demonstrierten. Das größte Boot aber glitzerte schwarz und bedrohlich wie ein Kriegsschiff im Hafen. Es war die Yacht von Giorgio Armani, Ausstatter der superreichen Superhelden. Dem Schiff nach zu urteilen, Alpha der Alphas. Im Gegensatz zu Antibes oder Cannes galt das Fischerdorf Saint-Tropez, das um die Jahrhundertwende durch die Gemälde des impressionistischen Malers Paul Signac eine gewisse Prominenz gewann und durch ihn Künstler wie Henri Matisse und André Derain anzog, im ersten Drittel des 20. Jahrhunderts eher als verschlafen und abseits vom Schuss. Als nach dem Zweiten Weltkrieg Touristen den Ort entdeckten, war er vor allem bei der Pariser Boheme und Intellektuellen wie Jean-Paul Sartre und Simone de Beauvoir als Ferienort beliebt. All das änderte sich 1954, als die 19-jährige Schriftstellerin Françoise Sagan ihren internationalen Bestseller *Bonjour Tristesse* veröffentlichte. Der Roman handelt von dem jungen Mädchen Cécile, das mit ihrem Playboy-Vater an der Côte d'Azur Urlaub macht. Die Leichtigkeit des Sommers verwandelt sich in tragische Melancholie, als Cécile versucht, durch eine Intrige die Heirat ihres Vaters mit ihrer strengen Patentante zu vereiteln. Sagan wurde über Nacht zum Star und zog Aufmerksamkeit auf Saint-Tropez, wo sie ihre Sommer verbrachte.

Es war jedoch eine andere junge Frau aus gutem Pariser Hause, die Saint-Tropez zu dem machte, was es heute ist: Brigitte Bardot. Bardot kannte den Ort durch ihre Fa-

milienurlaube mit ihren Eltern und erwarb mehrere Häuser hier. Als die Poster-Ikone unschuldiger, aber doch raffinierter Sexualität und Natürlichkeit liebte sie das Erdverbunde dieses Ortes und seine Nähe zur Natur. Mit Bardot kamen weitere Prominente wie Alain Delon, Romy Schneider, Raquel Welch und Mick Jagger, der in Saint-Tropez Bianca Perez Morena de Macias heiraten sollte. Mit den Prominenten kamen die Paparazzi, die Freiwildjäger der Unterhaltungsindustrie. Die Paparazzi unterlegen mit ihren Foto-Trophäen die Klatschgeschichten, die genauso zum »Markt der schönen Lügen« gehören – so Bertolt Brecht über Hollywood – wie die Filme, Musik, Mode, Bücher und Magazine der Popkultur. Jeder Star, jede prominente Person besitzt neben ihrer tatsächlichen Persönlichkeit eine öffentliche Persona. Eine Persona kann sich anfühlen wie ein Gefängnis, wie ein Fluch. Man wird sie einfach nicht mehr los, die Geschichten, die sich andere über uns erzählen. Nicht zuletzt die Paparazzi-Fotos von Prinzessin Diana, die 1997 kurz vor ihrem Tod in Saint-Tropez geschossen wurden, als sie dort ihren Liebhaber Dodi Al-Fayed besuchte, erzählen von diesem Spinnennetz aus Prominenz, Macht und Ohnmacht. Einem Spinnennetz, für das wir im Zeitalter der Selfies und der sozialen Medien keine Paparazzi mehr brauchen.

Charisma, Ruhm, Macht und Geld kollidierten, als 1966 Brigitte Bardot den Industrieerben Gunter Sachs heiratete. Sachs war gut aussehend, kultiviert, charmant, draufgängerisch und unermesslich reich. Sein Vater Willy hatte zwar führenden Nazis nahegestanden, konnte aber nach dem Krieg sein Vermögen behalten, und der Konzern war maßgeblich am deutschen Wirtschaftswunder der Nachkriegszeit beteiligt. Mit Sachs hatte Deutschland endlich wieder eine Art Prinzen. Dazu noch einen, der Stil besaß und sich gut anzog. Als dieser Prinz dann eine der berühmtesten Frauen der Welt heiratete, eine Schönheitsikone des ehemaligen Erzfeinds Frankreich, war Deutschland endlich wieder salonfähig, ja endlich wieder cool. Durch Sachs hatte nun auch Deutschland einen Platz im Olymp des internationalen Jetsets, der sich in Saint-Tropez versammelte. Spätestens durch ihn tauchte der Ort auf dem Radar der Deutschen auf. Auch heute noch ist Saint-Tropez, neben Sylt und Gstaad, für viele Deutsche der Inbegriff gesellschaftlichen Lebens. Damit sind sie nicht allein, denn viele vermögende Menschen kaufen sich hier Ferienhäuser, und der Immobilienmarkt für Villen in Saint-Tropez läuft auf Hochtouren. Auf einem Hügel, der die Altstadt überblickt, befindet sich die Wohnanlage Les Parcs de Saint Tropez – eine bewachte Enklave, wo laut der britischen Zeitung *The Guardian* Billionäre Anwesen besitzen, darunter auch Bernard Arnault, CEO der LVMH-Gruppe und zweitreichster Mann der Welt, sowie Francois-Henri Pinault, Gründer der Kering-Gruppe. Zu LVMH gehören Marken wie Louis Vuitton, Dior, Celine, Fendi und Loewe. Zu Kering Gucci, Balenciaga und Bottega Veneta. Die Besitzer der Marken, die die Innenstadt von Saint-Tropez beherrschen, leben also vor Ort. Zumindest ein paar Tage im Jahr. Da die nobelsten Hotels der Stadt – das Cheval Blanc sowie das White 1921 – auch zur LVMH-Gruppe gehören, kann man Saint-Tropez mittlerweile als eine Art Louis-Vuitton-Ville bezeichnen. Die Villa, die allen diesen Immobilienbesitzern wahrscheinlich vor Augen schwebt, ist das Haus aus dem erotischen Thriller-Drama *La Piscine* mit Romy Schneider und Alain Delon aus dem Jahr 1969. Die Katzenaugen von Romy Schneider kann man sich nicht kaufen, so einen Swimmingpool in Saint-Tropez aber schon. Da machte es dann auch nichts, dass Brigitte Bardots Tierliebe in Menschenverachtung umgeschlagen ist und die Erfinderin von Saint-Tropez heute die Werbetrommel für Marine Le Pen und deren rechtsextreme Partei Front National rührt. Gegen unangenehmen Mief gibt es ja schließlich Chlor.

Was genau so toll an Saint-Tropez sein und was man da den ganzen Tag lang machen soll, ist mir immer noch nicht klar. Im Winter, habe ich mir sagen lassen, wird der Ort wieder zu dem friedlichen Fischerdorf von früher. Dann beherrschen die Einheimischen das Straßenbild und man kann die schönen Strände genießen. Aber zur Hauptsaison scheint es dort neben Rosé-Konsum und Yachten-Anstarren nur eine Beschäftigung zu geben: shoppen. Der mittlerweile perfekt durchrenovierte, relativ kleine Ort ist zur Shoppingmall der globalen Luxusmarken mutiert. Wie ein Einkaufszentrum, nur ohne Überdachung. In den kleinen mediterranen Häuschen reiht sich eine Designermarke an die andere – Hermès, Chanel, Dior, Louis Vuitton, Gucci, Bulgari, Armani ... sie alle sind in Saint-Tropez vertreten und verkaufen hier genau die gleichen Waren wie in London oder Singapur. Die Leute, die vor der Chanel-Boutique Schlange stehen und sich dabei auch noch selbst fotografieren, oder die im Dior-Café unter rosa Blümchen-Deko Dior-Cappuccino trinken, tauchen ein in das bis ins letzte Detail durchgestylte Lebensgefühl einer globalen Luxusmarke. Einer Marke, die Sicherheit und Zugehörigkeit verspricht in einer sich permanent und rapide verändernden Welt mit zunehmend komplizierten Identitäten. Identitäten sind das Schlachtfeld der Gegenwart. Wer wir sind, unsere Sexualität, welche Sprache wir benutzen, welches Auto wir fahren, von wo wir unsere Nachrichten beziehen, welche Bücher wir unsere Kinder lesen lassen – die Antworten zu diesen Fragen sind mittlerweile hochpolitische Positionen, bei deren Verhandlung Menschen immer weniger Spielraum zulassen und Andersdenkenden am liebsten den Mund verbieten würden. Im Universum einer globalen Luxusmarke braucht man sich darüber keine Gedanken zu machen. Man muss keine Angst haben, sich lächerlich zu machen oder das Falsche zu sagen. Hier gibt es keine Shitstorms, keine unvereinbaren Widersprüche, keine Zweifel. Wie bei den Populisten gibt es hier nur einfache Antworten auf komplizierte Fragen. Alle Widersprüche, alle Brüche in den Identitäten sind abgeschafft. Wenn die Essenz einer Marke einmal definiert ist, geht es darum, diese Essenz endlos zu wiederholen. Im echten Leben hat jeder Mensch Sei-

SEN
SAIN
DEP

UIER
OPEZ
37
RESERVE

ten, die nicht zum Rest seiner Identität passen. Keiner von uns macht so wirklich Sinn. Wir alle haben unsere Schatten, unsere blinden Flecke, unsere Geheimnisse, unsere Seiten, die wir selbst nicht verstehen. Wer wir morgens beim Aufstehen sind, hat nicht unbedingt etwas damit zu tun, als wer wir uns abends beim Zubettgehen fühlen. All diese Unstimmigkeiten sind bei globalen Luxusmarken ausradiert. Jedes Detail – von den Schuhen des Verkaufspersonals bis zur Verpackung des Parfums und den rosa Seidenblümchen, mit denen der Cappuccino-Tresen dekoriert ist – harmoniert. Alles ist plausibel, alles macht Sinn. Dissonanzen wie Coco Chanels Nazi-Verbindungen werden auf ein solches Minimum reduziert, dass sie ignoriert werden können. Sie bleibt weiterhin die unbefleckte Heldin im Chanel-Narrativ. All das wirkt beruhigend. Der Lärm der Sozialgeräusche wird heruntergefahren. Im Markenuniversum können wir uns entspannen. Wir können eintauchen in das widerspruchsfreie Paradies einer schönen neuen Welt. Das heutige Saint-Tropez ist ein Ort, der von diesen globalen Markenidentitäten dominiert wird. Hier ist alles perfekt, hier gibt es keine Brüche. In den Strandlokalen, die teilweise immer noch die gleichen sind wie die, die man aus alten Paparazzi-Fotos kennt, sitzen die Touristen und versuchen einen Hauch des alten Glamours zu erhaschen. Ansonsten bleibt ihnen der Erwerb einer Luxusware in einer der perfekt kohärenten Designer-Boutiquen, damit sie an dem Traum, der hier in Saint-Tropez propagiert wird, teilhaben können. Es ist der Traum von Wohlstand, Exklusivität und

Überfluss. Eine Traumwelt, in der es keine Frustrationen gibt, keine Imperfektionen, keine Scham. Vielleicht ist man nicht so begehrenswert oder so umwerfend schön wie Brigitte Bardot oder Romy Schneider, aber das macht nichts. Denn das Luxusprodukt – und sei es nur eine Sonnenbrille oder ein Parfum – wird uns schützen vor den Erniedrigungen des Alltags. Spricht es doch eine Sprache, die in der ganzen Welt verstanden wird. Alles ist für immer herrlich überall, besonders in Saint-Tropez.

Natürlich bin auch ich während meines Besuchs in Saint-Tropez shoppen gegangen. Gehört ja zum Programm. Außerdem war es draußen so heiß, dass man es nur in den Designer-Boutiquen mit ihren arktischen Klimaanlagen aushalten konnte. Zum Glück hatten der Fotograf Christian Werner und ich eine versteckte Hafenbar im ersten Stock des Hotel Sube gefunden, wo früher Guy de Maupassant, Colette, Paul Signac und Orson Welles verkehrten. Erstaunlicherweise war die Bar leer, kühl und sah immer noch aus wie eine Hafenbar aus den 1960er Jahren. Statt Markenidentität hatte sie Charakter. Wir waren hoch erfreut, ja erlöst. Aber die Fähre zurück nach Cannes ging erst in zwei Stunden. Wie viel französisches Sprudelwasser kann ein Mensch trinken? Und vielleicht hatten wir ja doch etwas verpasst oder nicht gesehen, was andere Menschen so großartig an Saint-Tropez finden. Also gingen wir wieder verloren durch die brütenden Gassen, vorbei an den Designer-Boutiquen. Ich kaufte mir Schreibhefte in einem Tabac-Kiosk und eine

Ausgabe von *Paris Match*, auf der die brennenden Autos von gewalttätigen Ausschreitungen abgebildet waren, die gerade in französischen Großstädten stattfanden. Junge Menschen mit Migrationshintergrund demonstrierten gegen Polizeirassismus und Ausgrenzung. Schon seit Wochen war Frankreich von sozialen Anspannungen gezeichnet gewesen. Irgendwann betrat ich den Laden einer kalifornischen Marke, die überteuerte Leinenklamotten in Erdtönen verkauft und die mich an meine Zeit in Los Angeles erinnerte. Konsum hat ja immer auch mit Träumen zu tun, und ich träumte mich hier kurz in meine Vergangenheit mit meinem verstorbenen Mann. Als ich so die schier endlosen Variationen von weißen T-Shirts musterte, betrat ein sehr junges, sehr gut aussehendes Pärchen den Laden. Beide stammten offensichtlich aus einem Golfstaat und sprachen eine Mischung aus Englisch, Französisch und Arabisch. Dass sie reich waren, daran bestand kein Zweifel. Der junge Mann wollte sich ein Paar Shorts kaufen, aber vielleicht auch eine Hose. Aber die war ein bissen kurz, aber vielleicht auch nicht. Hmmm … ja … wie wär's mit dem T-Shirt? Die beiden waren so lieb und so ganz ohne Konturen. Ihre Augen matt. Eine Melancholie umwehte sie, die aber nicht wie bei mir mit verlorenen Träumen zu tun hatte. Vielmehr war es die Melancholie des Reichtums. Dem unguten Gefühl, dass die eigene Existenz nicht nur ehrgeizlos, sondern möglicherweise auch sinnlos ist. In Scott Fitzgeralds *Zärtlich ist die Nacht* ist der Protagonist Dick Diver nicht in der Lage, sich an den Amüsements und Vorzügen des Reichtums zu erfreuen, die ihm seine Frau bietet. Er scheitert am Konsumtraum und versinkt in seiner Selbstzerstörung. In *Bonjour Tristesse* ist es der Verlust der eigenen Unschuld, der Cécile ihr privilegiertes Leben nicht länger genießen lässt. Ihrer eigenen Schuld bewusst, verliert sie ihre Lebensfreude. Ich weiß nicht, warum die Kinder des Privilegs in der amerikanischen Boutique in Saint-Tropez so melancholisch auf mich wirkten. Vielleicht projizierte ich einfach nur meine eigenen Gefühle auf sie. Vielleicht aber auch, weil es mir schien, als hätten sie sich in irgendwelchen Labyrinthen verloren, aus denen sie sich nicht freikaufen konnten. Vielleicht hatten sie auch nur zu viel ihrer Version von »Soma« genommen. Ihre Altersgenossen auf dem Cover von *Paris Match* hatten zumindest die Geistesgegenwart, wütend zu sein. Ich war froh, als wir endlich wieder auf der Fähre nach Cannes saßen und die Bucht von Saint-Tropez langsam am Horizont verschwand. *Au revoir Tristesse.*

Lamborghini
X
19796

I am in the mood to dissolve in the sky.
VIRGINIA WOOLF

Die Jünger des Blings und anderen Ersatzreligionen sind ein Aspekt der Côte d'Azur, keine Frage. An zynischen Tagen sehe ich sie überall. An guten Tagen ignoriere ich sie einfach. An guten Tagen sehe ich den blauen Horizont, die Palmen, überall die üppigen Blumen, die Menschen, die am Strand vor sich hindösen, die teilweise bizarre, aber dann eben doch wieder sehr schöne Architektur, dann atme ich im Frühjahr die mit Mimosen und im Sommer mit Lavendel und Eukalyptus getränkte Luft, und lache über die UFO-artigen Sportwagen, die mit Nummernschildern aus arabischen Golfstaaten über die Croisette röhren.

An solchen Tagen weiß ich genau, warum diese Küste so viele außerordentliche Schriftsteller und Künstler angezogen hat. Neben den schon erwähnten Ernest Hemingway, Scott F. Fitzgerald, Françoise Sagan, Aldous Huxley, H. G. Wells, Jean Cocteau, Somerset Maugham, James Baldwin und die deutschen Emigranten verschlug es auch Graham Greene und J. G. Ballard hierher. Licht, Klima und genau die richtige Mischung aus Zurückgezogenheit und immer wieder überraschenden sozialen Kontakten, die der Touristenstrom hier anspült, sind gut fürs Schreiben. Auch das Halbseidene und die dunklen Aspekte der menschlichen Seele, auf die das viele hier angesiedelte Geld wie ein Magnet wirkt, können inspirieren. Woher sollen sonst die Geschichten und das Drama kommen? Im perfekten Idyll, in dem jeder alles richtig macht, wird es schnell langweilig. Gerade bei Graham Greene, der 24 Jahre lang in einer kleinen Wohnung in Antibes wohnte, geht es immer wieder um moralisch zerrissene Protagonisten, die in einer Nietzscheanischen Welt leben, in der Gott tot ist, und die dennoch mit ihren katholischen Moralvorstellungen zu kämpfen haben. In manchen Büchern wie etwa Fitzgeralds *Zärtlich ist die Nacht*, Hemingways *Der Garten Eden*, Baldwins *Giovannis Zimmer* oder J. G. Ballards *Super Cannes* kommen ganz bestimmte Örtlichkeiten vor, die man nach der Lektüre aufsuchen und nach Bezügen suchen kann. Trotzdem ist das Lesen immer eine Frage der Vorstellungskraft. Anders verhält es sich bei der Malerei und der Bildhauerei. Pierre-Auguste Renoir verbrachte seine letzten Lebensjahre in Cagnes-sur-Mer in der Nähe von Nizza, wo er wacker gegen seine Arthritisschmerzen anmalte. Viele dieser Bilder sind weibliche Akte mit üppigen Formen – nicht jedermanns Geschmack, aber Pablo Picasso fand sie besser als Renoirs früheren impressionistischen Arbeiten. Picasso zählte mit

Yves Klein, Henri Matisse, Marc Chagall, Joan Miró, Nicolas de Staël, Max Beckmann und Max Ernst zu den Giganten der Klassischen Moderne, die viel Zeit an der Côte d'Azur verbrachten und in deren Arbeit sich die Region in ihren Farben, ihrem Licht und der Leichtigkeit des Seins widerspiegelte. In Saint-Paul-de-Vence, ganz in der Nähe der Fondation Maeght, gibt es das berühmte Restaurant und Hotel La Colombe d'Or, die goldene Taube, in dem viele dieser Maler verkehrten und mit ihren Bildern bezahlten. Natürlich weiß niemand, ob das wirklich noch echte Picassos sind, die dort an den Wänden hängen – welche Versicherung würde das akzeptieren? –, aber irgendwann haben sie einmal dort gehangen. Besonders schön ist übrigens die Alexander-Calder-Skulptur am Swimmingpool. Ich habe einmal Julian Schnabel dabei beobachtet, wie er im wunderschönen Gartenrestaurant im weißen Leinenhemd vor sich hin schwitzte und sich umschaute. Ganz sicher würde er auch gern in diesen heiligen Hallen hängen. Aber zum Glück haben die Besitzer des Restaurants genug Geschmack, dass das nicht passieren wird.

Im benachbarten Ort Vence gibt es eine kleine Galerie, deren Besitzer früher für Max Ernst Lithographien druckte. Ich hatte Glück und konnte noch die alte, unaufgeräumte Druckereiwerkstatt mit Presse besichtigen, bevor alles wegrenoviert und in ein Büro verwandelt wurde. Die Galerie befindet sich neben einem Restaurant, wo Max Ernst und sein Surrealisten-Kollege Man Ray früher dinierten.

Vence ist nicht so sehr von Touristen überlaufen wie sein Geschwisterort Saint-Paul-de-Vence, und etwas von dem Charme, den hier die Surrealisten und Mitwirkenden der Klassischen Moderne vorfanden, ist immer noch da. Und wenn ich in einem Gemälde von Max Ernst einen azurblauen Himmel sehe, dann bilde ich mir ein zu wissen, wo die Inspiration zu dieser Farbe herkommt. In ihrem großartigen Buch *Leben mit Picasso* beschreibt die französische Künstlerin Françoise Gilot nicht nur die narzisstischen und kontrollierenden Seiten ihres Ex-Partners, sondern auch, wie sie in den 1940er und 50er Jahren während ihrer zehnjährigen Beziehung mit Pablo Picasso viel Zeit an der Côte d'Azur verbrachte und sich die Region auf Picassos Arbeit auswirkte. Die Tatsache, dass Picasso eine Zeit lang mit Keramiken experimentierte, hatte viel mit der Töpfertradition in Vallauris zu tun – ein Ort im Hinterland von Juan-les-Pins. Picasso belebte durch seine Arbeit diese Töpfertradition. Noch heute zehrt dort eine traurige Fußgängerzone mit grellen Keramik-Andenken von Picassos Schaffen. Das heutige Vallauris bezeugt die enormen sozio-ökonomischen Unterschiede, die heute nicht nur die Côte d'Azur, sondern ganz Frankreich ausmachen. Während nur ein paar Kilometer weiter der König von Saudi-Arabien seine opulente Sommerresidenz unterhält und in den Designer-Boutiquen auf der Croisette die Reichen der Golfstaaten Löcher in das Plastik ihrer Kreditkarten brennen, ist Vallauris geprägt von einer hohen Kriminalitätsrate und vielen sozial Schwachen mit Migrationshintergrund aus den arabischen

Ländern ohne Ölvorkommen. Als ich hier vor Kurzem an einem Sonntagnachmittag durch den weitgehend verlassenen Ortskern ging, begegneten mir immer wieder nervöse junge Männer, die ganz offensichtlich im Drogenmilieu unterwegs waren. Die Stimmung war angespannt und nicht wirklich sicher. Ich fragte mich, wie diese jungen Männer mit ihrer Ausgegrenztheit und Hoffnungslosigkeit umgehen sowie der Tatsache, dass ihre Familien aus einer Region fliehen mussten, die andere Anwohner der Côte d'Azur mit ihrem unfasslichen Reichtum dominieren. Hier treffen die Echos von Frankreichs kolonialer Vergangenheit auf die Realitäten der globalen Machtverhältnisse der Gegenwart. Es fühlte sich an wie ein Dampfkochtopf kurz vor der Explosion.

Françoise Gilot beschreibt in ihrem Buch auch das Verhältnis zwischen Picasso und Henri Matisse, der sich 1917 vom Pariser Kunstbetriebt nach Nizza zurückgezogen hatte. Die beiden hatten sich zu Anfang des 20. Jahrhunderts in Paris kennengelernt, wo sie als die beiden gegenüberliegenden Pole der französischen Kunstszene galten – Matisse als Vertreter des Fauvismus auf der einen und Picasso als Mitbegründer und Galionsfigur des Kubismus auf der anderen Seite. So hatte sich ein starker Bezug zwischen den beiden Künstlern entwickelt. 1917 zog sich Matisse vom Pariser Kunstbetriebt nach Nizza zurück. Von 1917 bis 1930 – später Matisses Nizza-Periode genannt – malte Matisse hier hauptsächlich die Innenräume, in denen er lebte und arbeitete. Die Bilder dieser Zeit sind in sich geschlossene Welten, darunter viele Akte und Porträts von Frauen. Und doch waren seine Gemälde, in denen immer wieder Gegenstände aus der islamischen Welt auftauchen, durchdrungen von den leuchtenden Farben und dem brillanten Licht der Côte d'Azur. Nach seiner Rückzugsphase lebte Matisse zwar weiterhin an der Côte d'Azur, aber trat wieder mehr mit der Außenwelt in Kontakt, malte Fresken und gewann an Bedeutung innerhalb der Bewegung der Klassischen Moderne. Zu der Zeit, als Gilot Matisse kennenlernte, war Matisse gezeichnet von einer Operation, die er entgegen aller Erwartungen überlebt hatte. Da das Malen ihn zunehmend anstrengte, schnitt er von seinem Bett aus bunt angemalte Papierschablonen, die er mit Hilfe von Assistenten verarbeitete. In dieser Spätphase nahm Matisse den Auftrag an, das Innere der Rosenkranzkapelle von Vence zu gestalten. Er entwarf mit Hilfe seiner Schablonen, die er in blattähnlichen Formen ausschnitt, Fenster in leuchtendem Blau und Gelb – den Farben der Côte d'Azur. Der Rest der kleinen, rechteckigen Kapelle ist – abgesehen von schwarz-weißen Strichzeichnungen auf weißen Kacheln – weiß gestrichen. Das Ganze wirkt wie ein heiliger Schuhkarton. Ein bunter Leuchtkasten, bei dem das farbige Licht zum Gefühl der Transzendenz beitragen soll. Gilot erzählt in ihrem Buch, wie Picasso und sie die fertige Kapelle besichtigen. Picasso hielt die Kirche für misslungen und fand, dass sie aussah wie ein Badezimmer. Er war auch wenig beeindruckt, dass Matisse überhaupt an dem Bauprojekt mitwirkte. »Du bist verrückt, eine Kapelle für diese Leute zu bauen. Glaubst du an das Zeug oder nicht?«, zitiert Gilot Picasso. Matisse entgegnete, dass er nicht wisse, ob er an Gott glaube und wahrscheinlich eher eine Art Buddhist sei. Aber dass es ihm im Wesentlichen eben darum gehe, einen Geisteszustand zu erzeugen, der dem Gebet nahekomme. Für Picasso war Gott tot, aber für Matisse gab es immer noch das Blau der Côte d'Azur, das er auch aus der islamischen Kunst kannte. Ein Blau, das später in seinen berühmten Scherenschnitten von weiblichen Akten auftauchte und sowohl Melancholie als auch Vitalität ausstrahlte. Ein ganz bestimmtes Blau, das – wie Matisse es ausdrückte – »dir in die Seele dringt«.

Picasso lebte an verschiedenen Orten an der Côte d'Azur. Sein Name ist unwiderruflich mit der Region verbunden und die Region mit seiner Arbeit. Zum Beispiel geben Zeichnungen, die er 1924 von Badenden am Strand von Juan-les-Pins anfertigte, einen Vorgeschmack auf sein von manchen als blasphemisch bezeichnetes Ölgemälde *Der Kuss* von 1925. Das Gemälde stellt eine Mutter mit ihrem Kind dar, die sich vor dem Hintergrund eines blauen Himmels und Strands auf fast schon brutale, fordernde Weise umarmen. In seiner Aggressivität bricht *Der Kuss* radikal mit der verklärend andächtigen Tradition der Madonna-mit-Kind-Darstellung in der abendländischen Kunst. Picasso verbrachte damals die Sommer an der Côte d'Azur mit seiner Frau Olga Chochlowa und ihrem gemeinsamen Sohn Paul. Fitzgeralds Nacht am Strand von La Garoupe mochte zärtlich gewesen sein, Picassos Tag erinnert dagegen – zumindest wenn man sich *Der Kuss* anschaut – eher an einen normalen Familienurlaub mit Kleinkind. Während seiner zahlreichen Aufenthalte an der Côte d'Azur traf Picasso immer wieder auf andere Künstler und Intellektuelle, die hier lebten oder Urlaub machten. Darunter auch der Anthropologe Michel Leiris und die Fotografin Lee Miller sowie führende Surrealisten wie André Breton, Man Ray und Paul Éluard. Es war im Sommer 1936, als Picasso Zeit in Mougins verbrachte, als er die Fotografin Dora Maar kennenlernte, die sich in Saint-Tropez aufhielt. Die intensive Beziehung zwischen den beiden, die zu einigen der wichtigsten Frauenporträts der Malerei des 20. Jahrhunderts führte, begann an der Côte d'Azur. In Antibes wurde die ehemalige Villa Grimaldi, eine kleine Festung am alten Hafen, zum Picasso-Museum konvertiert. Picasso hatte den Ort nach dem Zweiten Weltkrieg für eine recht kurze Zeit als Studio benutzt. Dort befinden sich vielleicht nicht die besten oder berühmtesten seiner Werke, aber die Bilder, die dort entstanden und ausgestellt werden, reflektieren eine glückliche Zeit in seiner Beziehung zu Gilot sowie seine Auseinandersetzung mit der Region. Gilot hinterlässt in ihrem Buch keinen Zweifel an Picassos Genius und seinen Einfluss auf die Art und Weise, wie wir alle heute unsere Realität wahrnehmen und was wir als Kunst betrachten. Und doch frage ich mich bei der Lektüre ihres Buchs ständig, wie sie es mit so einem Narzissten ausgehalten hat. Darüber redete ich mit zwei Freundinnen – sie sind Mutter und Tochter und arbeiten beide in der Modewelt –, als wir im Colombe d'Or zu Mittag aßen. Das Restaurant war bis auf den letzten Platz mit vorwiegend amerikanischen Touristen besetzt. Der Dollar ist gerade sehr stark, und der Währungsmarkt hat immer einen großen Einfluss darauf, welche Nationalitäten an der Côte d'Azur urlauben. Angesichts des wunderschönen Blumengemäldes von Picasso, das dort im Speisesaal hängt und das an eins seiner Porträts von Françoise Gilot erinnert, sprachen wir über Picassos Relevanz in der Kunstgeschichte und Popkultur. Ich erwähnte meine Eindrücke zu seiner Person aus Gilots Buch. Die Tochter lachte: »Ja, aber wenigstens war er ein Genie. Schlimm ist es doch nur, wenn die Männer sich so grottig verhalten und keinerlei ausgleichende Fähigkeiten besitzen.« Ich ergänzte: »Oder schlimmer noch, sie denken, sie wären Genies …« Ein Übermensch zu sein, ist eben keine persönliche Entscheidung. Es war ein sehr amüsantes Mittagessen.

Wenn man Glück hat, findet man im Picasso-Museum auch das letzte, unvollendete Werk *Das Konzert* von Nicolas de Staël vor, eines 1914 in Russland geborenen Malers. Inspiriert von Farbe und Licht, gilt de Staël als ein Vertreter abstrakter Sensibilität, ja Romantik. De Staëls Atelier befand sich nur wenige Meter vom heutigen Picasso-Museum entfernt. Bei *Das Konzert* handelt es sich um ein riesiges Tableau, das einen Orchestergraben während einer Konzertpause beziehungsweise nach einem Konzert zeigt. Links befindet sich ein großer schwarzer Klavierflügel und rechts ein Kontrabass aus hellem Holz. Dazwischen stehen leere Stühle mit Notenständern. All das vor dem Hintergrund eines intensiv leuchtenden Rots, das wie das Gegenteil des Horizonts der Côte d'Azur wirkt – ein Blau, das de Staël von seinem Atelier aus betrachten konnte. De Staël hatte das transzendentale Blau mit brennendem Rot ersetzt. Es war das Ende der Musik. Am 16. März, als er noch an *Das Konzert* arbeitete, schrieb de Staël an seinen Galeristen Jacques Dubourg: »Ich habe nicht die Kraft, meine Bilder fertigzustellen.« Danach stürzte sich der 41-Jährige aus dem Fenster seines Ateliers in den Tod. Noch heute steht dort ein Straßenschild, dass vor dem abfallenden Kliff der Küstenstraße warnt. De Staël war mit Yves Kleins Mutter, der Malerin Marie Raymond, befreundet gewesen. Als Quasi-Hommage an de Staël ließ sich Klein denn auch dabei filmen, wie er aus dem Fenster seines Studios in Paris sprang, und schuf seinen eigenen Grabstein mit der Aufschrift »Ci-gît l'Espace« (Hier ruht der Raum). Während sich de Staël vom großen Nichts überwältigt sah, betrachtete Klein die Leere als Möglichkeit. Kleins Mutter und de Staël hatten gemeinsam am Strand von Nizza die Küste skizziert. »Der bildliche Raum ist eine Wand, aber alle Vögel dieser Welt fliegen dort frei umher«, schrieb de Staël 1946 in einem Brief. Yves Klein interessierten die Möwen ebenso wenig wie die Silhouetten der Buchten und Strände. Für ihn war der Himmel über der Côte d'Azur keine Wand, sondern ein unendlicher Horizont der Möglichkeiten. Die Befreiung von allen materiellen Beschränkungen.

Auch Matisse wurde ein Museum gewidmet, das sich in Nizza gegenüber seiner ehemaligen Wohnung und Atelier befindet. Wenige Straßen weiter wurde für Marc Chagall ein Museum vom französischen Staat errichtet, in dem die Gemälde seiner biblischen Botschaft installiert wurden. Chagall war 1950 an die Côte d'Azur gezogen und befand sich dort in Nachbarschaft wie auch kompetitiver Freundschaft zu Picasso und Matisse. Mit dem Tod von Picasso und Matisse war er der letzte Überlebende der heiligen Dreieinigkeit der Klassischen Moderne und wurde auch als solcher gefeiert. Es sind nicht nur die leuchtenden Farben seiner Bilder, die für mich zur Côte d'Azur passen, sondern auch die Emigrationserfahrungen und die Erinnerungen an das verlorene jüdische Leben in der Heimat, die immer wieder eine Rolle in seinem Werk spielen. Die Côte d'Azur war und ist immer wieder Fluchtort vor Krieg und Verfolgung. Ein vermeintliches Eden für Menschen, die viel verloren und erlitten haben. So perfekt und wundervoll die Gegenwart auch sein mag, die Sehnsucht nach dem Verlorenen – das kenne ich aus meiner eigenen Familie – hört nie auf. Sehnsüchte und ihre Überwindung sind der Stoff, aus dem Kunst entsteht. Und so ist die Côte d'Azur als Sehnsuchtsort denn auch übersät von kleinen Kunstmuseen, Kapellen und Privathäusern, in denen Künstler der Avantgarde des 20. Jahrhunderts Spuren hinterlassen haben. Die Gegend ist ein Testament für das menschliche Streben nach Transformation und Transzendenz. Nietzsche mochte Gott für tot erklärt haben. Aber die Künstler der Côte d'Azur haben die Leere, die er hinterlassen hat, mit ihren Bildern und ihren Vorstellungen von Realität gefüllt.

With the lights out, it's less dangerous
Here we are now, entertain us
KURT COBAIN, SMELLS LIKE TEEN SPIRIT

Seit mehr als 29 Jahren komme ich nun schon mindestens einmal im Jahr an die Côte d'Azur. Lange Jahre hatte das nur einen Grund: die Filmfestspiele von Cannes. Das Filmfestival von Cannes ist das wichtigste Filmfestival der Welt. Einen Goldenen Löwen in Venedig zu gewinnen, ist schön. Auf einen Berlinale-Bär kann man auch stolz sein. Aber die Goldene Palme von Cannes verliehen zu bekommen, ja, überhaupt einen Film im Wettbewerb zu haben und in Abendgarderobe vor den schreienden Paparazzi über den roten Teppich die berühmten Stufen hinaufzugehen, davon träumen alle FilmemacherInnen. Und wer es nicht tut, der lügt. Einen Oscar zu gewinnen, bedeutet, jemandem ist der große Spagat zwischen Popularität, Sentimentalität, Zeitgeist und künstlerischem Anspruch gelungen. Ein Oscar hat immer auch mit kommerziellem Erfolg zu tun. Die Goldene

Palme dagegen kann eine gewisse erhöhte Aufmerksamkeit im Kinomarkt erreichen, aber einen Blockbuster wird sie einem wahrscheinlich nicht bescheren. Sie sagt einfach nur den RegisseurInnen, die sie bisher erhalten haben: Dein Film ist Kunst. Du bist ein künstlerischer Genius. Endlich ist es nicht mehr nur die eigene Mutter, die das denkt. All der heimliche Größenwahn, der seit der Filmhochschule in einem gegärt hat, er darf nun offen ausgelebt werden. Aber der Wettbewerb und die anderen Festivalsparten, in denen neue Filme vorgeführt werden, sind nur das Sahnehäubchen auf dem eigentlichen Kuchen der Filmfestspiele. Der Kuchen, mit dem hier in Cannes Geld verdient wird, hat wenig mit Kunst zu tun und sehr viel mit Kommerz. Es handelt sich um den Filmmarkt. Auf dem Filmmarkt werden Filmprojekte finanziert, indem man sie an einzelne Territorien oder Auswertungsplattformen verkauft. Das kann zu einem Zeitpunkt stattfinden, wenn es von einem Filmprojekt nur ein Drehbuch, Regie oder mehr oder weniger ernst gemeinte Versprechen von Schauspielern gibt, dass sie an dem Film mitwirken werden. Anhand dieser Faktoren versprechen Verleiher, Fernsehsender oder Streaming-Dienste, dass sie eine gewisse Summe für die Produktion zu Verfügung stellen werden. Mit diesem Versprechen kann die Produktionsfirma dann zu einer Bank gehen und sich ein Darlehen besorgen. Falls Ihnen das jetzt etwas unseriös vorkommt, liegen Sie nicht unbedingt falsch. Beim Filmmarkt wird sehr viel heiße Luft gebacken. Und doch ist das Cannes-Filmfestival und der damit verbundene Markt eines der wichtigsten Ereignisse im Jahreskalender der Filmindustrie. Man trifft sich, zeigt sich, macht sich wichtig, tratscht, knüpft Kontakte und – im besten Falle – vereinbart Deals. Manche Filmverkäufer machen hier während der ersten drei Tage des Festivals mehr als die Hälfte ihres Jahresumsatzes. Ein alter Bekannter von mir, dem eine Filmfinanzierungsfirma gehört, erklärte mir: »Während der ersten drei Tage von Cannes bin ich nicht in der Lage, mich mit irgendwem zu unterhalten, der mir kein Geld geben kann.« Alle laufen aufgescheucht mit laminierten Pässen um den Hals die Croisette entlang, haben Angst, etwas zu verpassen oder sich vor dem Rest der versammelten Industrie lächerlich zu machen, trinken zu viel Rosé und kommen zu spät ins Bett, weil sie noch unbedingt auf irgendeine Filmparty gehen mussten, auf der sie sich mit anderen laminierten Personen bei schlechter Musik und Mojitos gegenseitig ins Ohr geschrien haben. Oft kommt es dabei vor, dass man während seines gesamten Cannes-Aufenthalts keinen einzigen Film anschaut. Ja, es kann sie geben, die Meetings, bei denen die Finanzierung eines gesamten Films klargemacht wird. Noch im Flugzeug nach Hause fliegt man dann auf der rosé-roten Adrenalin-Wolke. Aber wie viel sich von diesen Versprechen, Handschlägen, Schulterklopfen und Wangenküssen am Ende bewahrheitet, wird sich erst in den Monaten danach herausstellen, wenn die Verträge unterschrieben werden sollen. Für viele Kinoveteranen, darunter auch meinen Mann Bernd, war Cannes einfach nur ein anderer Name für eine ganz spezielle Vorhölle, die für Leute im Filmgeschäft geschaffen wurde. Früher, als ich noch bei *Variety*, der amerikanischen Filmfachzeitschrift arbeitete, hatten wir T-Shirts mit dem Slogan: »Das Leben ist kurz, Cannes ist lang.« Ich bin froh, dass ich das alles mittlerweile aus einer gewissen Distanz beobachten kann.

Die ersten Filmfestspiele sollten am 1. September 1939 beginnen. Mit dem Angriff Deutschlands auf Polen und dem Ausbruch des Zweiten Weltkriegs mussten die Festivitäten jedoch abgebrochen werden. Den Impuls für das Festival hatte der französische Diplomat Philippe Erlanger gegeben, nachdem 1938 bei den Filmfestspielen in Venedig nach Einflussnahme der faschistischen Regierung Leni Riefenstahls Nazi-Propagandafilm *Olympia* gewonnen hatte. Man wollte freie Filmfestspiele schaffen, ohne politischen Druck von außen. Erst nach dem Zweiten Weltkrieg, im September 1946, konnte dieses Ziel erreicht werden. Durch das Festival wurde eine neue Riege an Filmemachern bekannt – allen voran Vertreter des italienischen Neorealismus –, die sich mit den tatsächlichen und emotionalen Trümmerfeldern der Nachkriegszeit auseinandersetzten. Gleichzeitig wurde das Festival durch die Anwesenheit von amerikanischen und europäischen Stars wie Sophia Loren, Grace Kelly, Brigitte Bardot, Romy Schneider sowie Alain Delon, Kirk Douglas und Cary Grant zum gesellschaftlichen Ereignis. Diese Stars vollbrachten das, was sich jede Stadt beziehungsweise Region von einem Filmfestival erträumt: Sie stellten sicher, dass der Ort weltweit glamourös und begehrenswert erscheint. Nach der goldenen Epoche der 1920er und 30er Jahre begann der Stern der Côte d'Azur nicht zu sinken, sondern stieg in den 1950er Jahren zu völlig neuen Höhen auf. 1955 erlebte die Region eine internationale Supernova, als Alfred Hitchcocks opulenter Juwelenraub-Thriller *Über den Dächern von Nizza* in den Kinos startete und der Star des Films, Grace Kelly, während der Cannes Film-Festspiele den Fürsten von Monaco, Prinz Rainier III,. kennenlernte. Kelly war zu diesem Zeitpunkt eine der berühmtesten Schauspielerinnen der Welt. Der Fürst suchte nach einer Frau, die seiner Steueroase Glanz verleihen und ihm einen Erben gebären würde. Ohne Glamour von außen kann eine Glücksspiel-Hochburg schnell etwas Trashiges, ja Trauriges haben – siehe Las Vegas. Aber durch das Prinzessinnen-Märchen von Grace Kellys Monaco-Romanze und der kurz darauffolgenden Hochzeit mit Prinz Rainier wandelte sich der Zwergenstaat über Nacht zur Bühne aller Kleinmädchenträume. Diese enge Beziehung zu Hollywood beschränkte sich nicht auf Grace Kelly. Das Festival von Cannes bemühte sich von Anfang an, amerikanische Stars an die Côte d'Azur zu holen, darunter auch Joan Crawford, John Wayne, Elisabeth Taylor und Bette Davis. Das liegt einerseits am Glamour-Faktor, andererseits aber auch an der Wertschätzung, die man in Frankreich für Hollywood und den Genrefilm pflegt. Immer wieder wurde die Goldene Palme an US-amerikanische Regisseure verliehen, darunter auch Francis Ford Coppola, Quentin Tarantino, Robert Altman, die Coen-Brüder, Terrence Malick,

David Lynch, Martin Scorsese, Steven Soderbergh, Michael Moore, Orson Wells und Gus van Sant. Außerhalb des Festivalprogramms wurden die Filmfestspiele immer wieder als Marketing-Plattform für riesige, kommerzielle Hollywood-Produktionen genutzt. Dazu wurden riesige Filmplakate auf der Croisette installiert. Bei legendären Photo Calls wie etwa mit Pamela Anderson für *Barbed Wire* (1996) oder mit der britischen Band The Spice Girls für *Spice World* (1997) entstand eine solche Raserei unter Paparazzi und Schaulustigen, dass den Filmen Berichterstattung in den Nachrichtenkanälen garantiert war. Ich kann mich noch an die gigantischen Partys erinnern, die der Musiksender MTV in den 90er Jahren veranstaltete. Dieses hemmungslose Geldausgeben galt damals als gute Marketinginvestition. Vor dem Internet und vor den sozialen Medien war Cannes der ideale Ort, um Buzz zu erzeugen. Auf der Skala der öffentlichen Aufmerksamkeit konnte in Cannes ein Film über Nacht nach oben schießen. So gut wie alle wichtigen Unterhaltungsjournalisten waren hier für mehrere Tage versammelt, allesamt gierig auf Geschichten, die ihren teuren Aufenthalt in Cannes vor ihren Redaktionsleitern rechtfertigen würden. In einer Zeit, bevor jedes Mobiltelefon zu einer Kamera mutierte, waren die Kameras der Welt auf Cannes gerichtet. Cannes war der Ort, um Eindruck zu schinden. Stars wurden zum Interview-Fließband in Hotelzimmer gesetzt und sprachen mit dem in Cannes versammelten Corps der internationalen Film- und Klatschpresse. Das gibt es zwar heute immer noch, aber bei Weitem nicht in dem Umfang wie früher. In den 90ern arbeitete ich als Pressebetreuerin für die größte internationale Film-PR-Agentur, die regelmäßig für große Hollywood-Produktionen angeheuert wurde. Ich kann Ihnen versichern, Sie wollen niemals in Ihrem Leben bei einer Hollywood-Filmparty in Cannes mit der Gästeliste an der Tür stehen und darüber entscheiden, wer die Party betreten darf und wer nicht. Man wird zugelabert, bedroht, angebaggert und stellt am Ende der Nacht jede einzelne Entscheidung infrage, die einen zu diesem Punkt im Leben geführt hat. Fast genauso unangenehm ist es, einen Hollywood-Star zu betreuen, der die gesamte Hotelbar leer trinkt und am nächsten Tag immer noch völlig blau den Journalisten erzählt, er habe Gott gefunden. Film-PR ist ein schrecklicher Job. Die Journalisten schreien einen an, weil sie nie bekommen, was sie wollen, und die Stars und Film Executives schreien einen an, weil sie nervös sind und Angst haben, sich lächerlich zu machen oder Geld zu verlieren. Der Auftritt eines Hollywood-Stars auf dem roten Teppich von Cannes ist eine militärisch geplante Unternehmung. Der Weg vom Hotelzimmer, den Aufzug hinab, durch die Hotellobby, zur wartenden Limo, die kurze Fahrt im Schritttempo die Croisette entlang, vorbei an den elektrisierten Menschenmassen, bis schließlich die Tür aufgeht, alles kreischt und die Fotografen den Star niederblitzen – alles ist minutiös durchgetaktet. Einmal sollte ich in der Lobby des Hotel Martinez am Aufzug auf John Travolta warten und ihm die Richtung zur Limousine zeigen. Damals waren Bodyguards noch nicht so omnipräsent wie heute, und der Verleih hatte dafür kein Geld ausgeben wollen. Es herrschte ein riesiges Durcheinander, alles drängte und schrie. Und plötzlich starrten mich diese Augen an, die so blau waren wie draußen das Meer. John Travolta stand vor mir im weißen Leinenanzug. Ich brachte kein Wort heraus und wedelte läppisch mit der Hand in Richtung Ausgang.

Das Herz von Cannes schlägt im zähen Rhythmus der Limousinen, die während des Festivals durch die gaffenden Menschenmassen hindurch die Croisette entlang beim Palais du Festival vorfahren. Dieser Herzschlag ist so laut, dass das 1982 von den Architekten Hubert Bennett und François Druet erbaute und unerhört hässliche Palais du Festival – der Bunker genannt – auch außerhalb des Festivals zahlreiche Messen und Kongresse anzieht. Hier werden Messen für Fachgebiete wie Künstliche Intelligenz, Duty Free, Werbung, Popmusik, Tourismus, Fernsehen und Digitale Sicherheit veranstaltet. Die größte Messe aber, neben dem Filmmarkt, ist die MIPIM, die internationale Ausstellung für Immobilienprofis. Bei der MIPIM wird ganz Cannes von Männern in blauen Anzügen und cognacfarbenen Schuhen überflutet, die sehr viel Alkohol konsumieren. Einmal ging ich während der MIPIM an einer Yacht vorbei, die im Hafen vor Anker lag. Auf dem Boot fand ganz offensichtlich ein Empfang statt. Das konnte ich vor allem daran erkennen, dass sich an der Anlegestelle vor dem Boot ein Meer aus mindestens hundert Paar cognacfarbener

Schnürschuhe befand. Höchstwahrscheinlich würden an dem Abend einige Messebesucher in einem fremden Paar Schuhe in ihr Hotelzimmer zurückkehren. Möglicherweise ein Cannes-spezifisches Messebesucher-Problem.

In den Sommermonaten findet im ersten Stock eines Gebäudes gegenüber vom Palais du Festival, dort, wo sich während der Filmfestspiele die Schaulustigen drängen und man nicht unbedingt seinen spirituellen Moment der profunden Einsamkeit erleben kann, ein Festival der völlig anderen Art statt. Das Festival des Wahrsagens. In einem großen, verdunkelten Zimmer mit modrig-braunem Teppichboden sitzen dann jedes Jahr mehrere Medien an kleinen Tischen. Diese Tische haben sie nach ihrem eigenen Geschmack esoterisch gestaltet und mit unterschiedlichen Glücksbringern und Buddhas dekoriert. Den Eingang bewacht ein männliches Medium mit philippinischen Wurzeln, nach eigenen Angaben bisexuell und ein guter Freund von Brigitte Bardot. Er ist ganz klar der Chef und immer schlecht gelaunt. Schließlich ist er der Wahrsager der Stars und die Veranstaltung somit unter seiner Würde. Als ich das letzte Mal da war, wurde ich einer Wahrsagerin namens Lucille zugeteilt, eine kleine, maushaarige Person um die sechzig. Sie trug eine Art Plastikvisier, das sie gegen Viren oder was auch immer beschützen sollte und ihr gesamtes Gesicht bedeckte. Während sie mir die Karten legte und mit leiser Stimme irgendwelche Prophezeiungen vor sich hin flüsterte, warf sie giftige Blicke auf die Wahrsagerin am Nebentisch, die ihr zuschaute. Zwischen den beiden gab es offensichtlich gewisse zwischen-wahrsagerische Spannungen. Das begann Lucille so sehr aufzuregen, dass sie immer wilder mit den Karten herumfuchtelte. Dabei stieß sie immer wieder an ihr Plastikvisier, so dass dieses seltsame Gerät immer schiefer auf ihrem Kopf saß und schließlich ganz hinabfiel. Ich habe sofort wieder vergessen, was Lucille mir prophezeite. Vieles habe ich auch nicht verstanden. Aber ich bin mir sicher: Die Zukunft wird großartig.

Die Liebesaffäre zwischen Cannes und dem US-amerikanischen Kino ist in den letzten Jahren deutlich abgekühlt. Anstatt ihren Film in Cannes oder auf der Berlinale vorzustellen, folgen Filmstudios lieber der Einladung der Filmfestspiele von Venedig. Im Falle der Berlinale hat das hauptsächlich mit dem Datum zu tun. Früher lag die Berlinale vor der Bekanntgabe der Oscar-Nominierungen und war so die perfekte letzte Station für Oscar-Kampagnen. Mittlerweile werden die Oscar-Nominierungen vor der Berlinale bekanntgegeben und fallen damit direkt in die Oscar-Saison mit ihren zahllosen Partys. Die nominierten Stars bleiben lieber in Los Angeles, um dort für ihren Film zu werben. Die Filmfestspiele von Venedig dagegen finden Anfang September statt – der ideale Zeitpunkt, um einen Film einem internationalen Publikum vorzustellen und den Startschuss für eine Oscar-Kampagne zu geben. Dazu gibt es schöne Paparazzi-Fotos von Stars auf Gondeln und Wassertaxis, und die wenigen anwesenden Filmkritiker haben gute Laune, denn sie sind in Venedig, das Essen ist vorzüglich und das

Leben schön. In Cannes dagegen erwartet einen Film die Schlangengrube der schlecht gelaunten, verkaterten Filmjournalisten, die angesichts der Hotelzimmerpreise und der Lebensmittelvergiftung, die sie sich vor zwei Tagen zugezogen haben, gerne mal einen Film ausbuhen und völlig zerreißen. Gute Kritiken können einem Film helfen, müssen es aber nicht. Schlechte Kritiken dagegen – mit Ausnahmen von Unterhaltungskomödien – können die Laufbahn eines Films zerstören. Ein Beispiel dafür ist Sofia Coppolas *Marie Antoinette* von 2008 – ein zweifellos bahnbrechender und außergewöhnlicher Film, der mittlerweile als Klassiker gilt, sich aber bei seinem Kinostart nie wirklich von seinen lauwarmen Cannes-Kritiken erholen konnte. Einen Film in Cannes vorzustellen, die Stars im Privatjet einzufliegen, im Hotel du Cap unterzubringen, für Security zu sorgen und Interviews zu organisieren, ist somit risikoreich und sehr teuer. Am Ende kann es sein, dass man nur noch die Asche seiner verbrannten Kinoträume in den Händen hält. Das hat zur Konsequenz, dass die großen anglo-amerikanischen Filme der Croisette immer öfter fernbleiben. Warum das Geld für teure Plakate und Presse-Rummel ausgeben, wenn man einen Film wesentlich effektiver über die digitalen Medien vermarkten kann?

Ich verbinde mit dem Filmfestival so viele Erinnerungen an Stress, Angeschrienwerden, ewigem Schlange-Stehen und Leuten, die mir mit Rosé-Atem das Kino und vor allem ihre eigene Grandiosität erklären wollten, dass ich meine Teilnahme daran auf ein Minimum reduziert habe. Und doch gibt es sie immer wieder: die Momente, in denen dich in Cannes die Magie des Kinos überwältigt wie sonst nirgendwo auf der Welt. Es sind Momente des Zeitgeists, in denen sich unsere kollektiven Träume auf aufregende und unerwartete Weise verändern. Als bei der Premiere von *Toni Erdmann* (2016) von Maren Ade ein internationales Publikum über eine deutsche Komödie lachte, fühlte sich das an wie ein Gezeitenwechsel. Endlich hatte auch der deutsche Humor einen Platz am Tisch der völkerverbindenden Zwischentöne. Nach der Mitternachtspremiere der David-Bowie-Dokumentation *Moonage Daydream* (2022) von Brett Morgan ging ich voller Euphorie durch die Dunkelheit den langen Weg nach Hause, die verlassene Strandpromenade entlang, vorbei an dunklen Palmen und schlafenden Häusern. Noch Stunden danach lag ich wach im Bett, elektrisiert von der Kreativität Bowies, die ich da in der Dunkelheit des riesigen Kinosaals mit all den anderen Menschen gefühlt hatte. Dieser Rausch der Gefühle hielt noch tagelang an. Wenn ich heute einen Bowie-Song höre, kann ich diese Cannes-Erinnerung sofort abrufen. Stars wie Angelina Jolie oder Jessica Chastain dabei zuzuschauen, wie sie auf dem roten Teppich von Cannes von einer Pose in die nächste fließen und dabei wieder einmal neu definieren, was wir unter weiblicher Begehrlichkeit verstehen, hat eine ähnliche Wirkung. Es macht Lust auf Leben, Menschen zuzuschauen, die an der Spitze ihres künstlerischen Könnens stehen. Die wortlos eine Menschenmenge in ihren Bann ziehen können.

Die die große Bühne – wesentlich größer als die, die ihnen während des Stargerangels bei den Oscars gewährt wird – perfekt bespielen können. Viele Models und Sternchen, die nur wenig mit Kino zu tun haben, wollen etwas von diesem Glanz abhaben. Manchmal gewährt ihnen das Festival Zutritt – entweder um seine Dichte an Prominenz zu erhöhen und so den Glamourfaktor des Festivals zu gewährleisten, oder um die Sponsoren des Festivals glücklich zu halten, die mit den Models in ihren Werbekampagnen arbeiten. Nicht immer stimmt die Mischung, denn zu viele Models reduzieren die künstlerische Glaubwürdigkeit des Festivals. Was immer auch auf dem roten Teppich des Filmfestivals passiert und wie es von der Öffentlichkeit wahrgenommen wird, sagt viel über die Verteilung von kulturellem Kapital aus – nicht nur unter den Stars, Wirtschaftsunternehmen und Medienplattformen, sondern auch Nationen wie zum Beispiel China. Mit der Öffnung Chinas als Handelspartner und Importmarkt für westliche Unternehmen sah man auch vermehrt chinesische Stars auf dem Teppich. Die Bilder vom roten Teppich von Cannes sind perfekte Momentaufnahmen der Kulturindustrie zu einem bestimmten Zeitpunkt. Die Kleider der Stars geben Aufschluss über das weibliche Selbstverständnis in Bezug zu unserer eigenen Körperlichkeit ebenso wie das Level an Selbstobjektifizierung, zu der Frauen gerade bereit oder eben nicht bereit sind. Der Motor unserer Konsumgesellschaft ist Begehren. Deswegen ist die Schaffung von Begehren immer auch politisch. Und genau das passiert auf dem roten Teppich von Cannes.

Vor ein paar Jahren geriet das Festival in Verruf. Frauen waren bei einer Galavorführung der Zutritt verwehrt worden, weil sie keine Schuhe mit Absätzen trugen. Eine PR-Katastrophe für das Festival, das sowieso schon unter Sexismus-Verdacht stand, weil sein Hauptpreis fast ausschließlich an Männer verliehen worden war. Es ist vor allem der männliche Blick, der hier zelebriert wird. Immer wieder fällt auf, dass es hauptsächlich männliche Fotografen sind, vor denen die weiblichen Stars manchmal mehr und manchmal weniger nackte Haut zeigen. Der Schuh-Eklat bot da die perfekte Gelegenheit für Frauen, dem kinematischen Machismo den Kampf anzusagen. Wie schon im Mai 1968, als im Zuge der Studentenaufstände eine Gruppe an Filmemachern – darunter François Truffaut, Jean-Luc Godard, Milos Forman und Roman Polanski – mit einer Boykottaktion das Festival dazu gezwungen hatte, die Filmfestspiele zu modernisieren, hatten nun die Frauen die Gelegenheit, Erneuerungen herbeizuführen. Damals, 1968, hatte der Boykott Erfolg. Im nächsten Jahre wurden Filme gezeigt, die sich mit der neuen Jugendkultur und der Protestbewegung beschäftigten. Einer meiner absoluten Lieblingsfilme, *If …* von Lindsay Anderson gewann die Palme d'Or. Seitdem hat sich das Festival eine Affinität zur Provokation bewahrt. Der Machismo-Detox dagegen dauert länger. Die Festivalleitung bemüht sich, aber Bemühen genügt nicht immer. Vielleicht hätten wir Frauen uns ein Vorbild an den radikalen 68er-Boykotteuren nehmen sollen. Dann wäre der Enthusiasmus der Festival-Organisatoren für den weiblichen Blick vielleicht etwas größer. Aber Absatz hin oder her, die Politik des Festivals auf eine festliche Kleidung ihrer Besucher bei Galavorführungen zu bestehen, ist ein Grund, warum sich die Premieren im Palais du Festival so besonders anfühlen. Da ist von Anfang klar: Hier wird etwas zelebriert. Was du hier erlebst, hat nichts mit dem Alltag zu tun. Heute Abend wirst du in eine Welt katapultiert, die größer ist als das Leben. Es macht Spaß, es schafft Aufregung, vor einer Premiere mit Scharen von Menschen in der unterschiedlichsten und oft völlig absurden Abendbekleidung durch den Stadtkern zum Palais zu strömen. Vor dem Palais pumpt Popmusik über den roten Teppich, die Blitzlichter der Fotografen prasseln. Das macht Laune. Alle sind hier, weil sie Kino lieben. Weil sie gemeinsam mit anderen Menschen im Dunkeln sitzen und etwas Neues erfahren wollen. Wenn dann die Lichter ausgehen und das Festivallogo mit seiner roten Treppe über die Leinwand flimmert, dann wird – anders als bei der Berlinale – geklatscht und gejubelt. Die Fallhöhe von den roten Stufen von Cannes ist hoch. Man kann hier vor den Kameras der Welt in die Tiefe taumeln und sich nie wieder richtig davon erholen, wie zum Beispiel der Regisseur Vincent Gallo mit seinem Film *The Brown Bunny* (2003) oder Lars von Trier mit seinen kontroversen Kommentaren während der offiziellen Pressekonferenz zu *Melancholia* (2011). Aber jede wertvolle Erfahrung birgt irgendeine Art von Risiko. Ganz besonders die Liebe. Jeder Ausdruck der Liebe hat eine Fallhöhe. Dass sich die FilmemacherInnen immer wieder

SAUF
SORTIE
CAMION

dieser Fallhöhe ausliefern, berührt mich. Und wahrscheinlich ist das auch der Grund, warum ich bei allem Negativen, das ich mit diesen zehn Tagen im Mai verbinde, sie doch immer noch liebe, die schrecklich schönen Filmfestspiele von Cannes.

Gut und Böse sind das Gleiche.
HERAKLIT

Vor ein paar Tagen war ich in Nizza, um Andrew Birkin zu treffen. Er ist ein guter Freund und Vater meines Patensohns. Der Grund seiner Nizza-Reise war eine Ausstellung seiner Fotos in einer kleinen Galerie. Es waren Fotos, die er über Jahre hinweg von seiner Schwester, der Sängerin Jane Birkin, und ihrem damaligen Partner, dem Sänger Serge Gainsbourg, gemachte hatte. Jane und Serge, das ist immer noch das ultimative Liebespaar der französischen Popkultur. Die in England geborene Jane gilt mittlerweile als französische Ikone. Sie und ihre Töchter, die Schauspielerin Charlotte Gainsbourg und die Musikerin Lou Doillon, verkörpern entspannte wie auch intelligenter Eleganz, die sowohl ihr Erscheinungsbild als auch ihr künstlerisches Werk auszeichnen. Kurz nach meiner Begegnung mit Andrew sollte Jane sterben. Wir wussten bei unserem Treffen, wie krank sie war, und Andrew wirkte traurig. All die schönen Erinnerungen, die magischen Momente, die uns hier in Form seiner Fotos umgaben, würden sehr bald noch weiter in die Vergangenheit rücken. Eins dieser Fotos – es hängt über meinem Klavier, und ich liebe es sehr – zeigt Jane und Serge verträumt einander umarmend auf einer Hollywoodschaukel in Cannes. Ich deutete auf dieses Foto, das auch Teil der Ausstellung war, und erzählte Andrew, dass ich gerade an einem Buch über die Côte d'Azur arbeitete. Ob er wüsste, dass Nietzsche weite Teile von *Also sprach Zarathustra* ganz hier in der Nähe geschrieben habe, fragte ich ihn. Andrew schien froh, ein wenig von seiner Melancholie abgelenkt zu werden. Er erzählte mir, dass Stanley Kubricks Sci-Fi-Klassiker *2001: Odyssee im Weltraum* von *Also sprach Zarathustra* inspiriert sei. Andrews allererster Job im Filmgeschäft hatte darin bestanden, am Set von *2001* den Tee zuzubereiten und die Drehbücher zu fotokopieren. Kubrick war so paranoid gewesen, dass er die Drehbücher nicht, wie damals noch üblich, per Matrize kopieren lassen wollte. Vielmehr bestand er darauf, einen Fotokopierer anzuschaffen – damals, 1966 noch die absolute Speerspitze der Technologie. Der Sci-Fi-Autor Arthur C. Clarke, auf dessen Kurzgeschichte der Film beruhte und der mit Kubrick das Drehbuch geschrieben hatte, schaute dem Fotokopierer fasziniert zu und kam so mit Andrew ins Gespräch, der das Gerät bediente. Die Idee von Nietzsches Übermenschen, also die Entwicklung vom Affen zu einer wahrlich zivilisierten Form der Menschheit, sei das Thema, das sich durch den gesamten Film ziehe. Deswegen auch das Sternenkind am

Schluss des Films, so Andrew, denn Nietzsche habe ja gesagt, dass nach dem Untergang des Menschen die letzte Phase vor Erreichen des Übermenschentums das Kindliche sei. Und deswegen natürlich auch der Soundtrack, Richard Strauss' euphorisch-orgiastische Sinfonie *Also sprach Zarathustra,* der musikalische Inbegriff des Triumphs über alle persönlichen Frustrationen. Strauss' *Also sprach Zarathustra,* das ist die perfekte Illusion, dass man irgendetwas im Leben kontrollieren kann. Andrew schaute wieder traurig und versank in seinen Gedanken. Seine Galeristin sah das und kam lächelnd auf mich zu. Das sei ja schön mit meinem Buch, versicherte sie mir und schenkte mir einen Band über die *Villa Nellcôte* in Villefranche-sur-Mer, ganz in der Nähe von Nizza. Hier hatten sich die Rolling Stones 1971 zurückgezogen, um ihr legendäres Album *Exile on Main Street* aufzunehmen. Die Monate in der *Villa Nellcôte* waren geprägt von Drogen und Alkohol – mit anderen Worten dem dionysischen Lebensgefühl, also in gewisser Weise im Sinne Nietzsches. Es war während dieser Zeit, dass Mick Jagger Bianca Pérez Morena de Macias in Saint-Tropez heiratete und die Paparazzi in Jagdrausch versetzte. Die *Villa Nellcôte* war während des Zweiten Weltkriegs von den Nazis besetzt worden und im Keller, den die Rolling Stones als Aufnahmestudio benutzten, befanden sich immer noch Hakenkreuze. Oben im Haus, so Rolling Stones Gitarrist Keith Richards in einem späteren Interview, habe man sich gefühlt wie in Versailles, aber unten im Keller sei es düster gewesen wie in Dantes *Inferno*. Für ihn habe sich das angefühlt, als würde er ein Album im Führerbunker aufnehmen. *Exile on Main Street* wird von vielen Musikkritikern als das beste Rock'n' Roll-Album aller Zeiten gesehen. Weil hier das Helle und das Düstere nahtlos ineinanderfließen, als gäbe es keinen Unterschied, und dabei dennoch beide Pole ihre eigene Identität bewahren. Einige der Fotos, die während dieser Zeit in der Villa von den Rolling Stones und ihrer Entourage entstanden, hingen als riesige Drucke an den Wänden der Galerie, direkt neben Andrews Fotos. Es sind Bilder des Exzesses, aber auch von Fokus und Intensität. Ich stand da in der Galerie in Nizza, umgeben von Jane, Serge, Mick und Keith in Momenten des Glücks. Und von Andrew, der mit seiner Traurigkeit kämpfte und mit der Tatsache, dass ihm da ein geliebter Mensch aus den Händen glitt und er nichts dagegen tun konnte. In mir drin klangen die Songs zu den Fotos, die dort an den Wänden hingen, und ich fragte mich, ob das nicht die Aufgabe von Musik ist: Widersprüche in sich zu vereinen und sie dadurch überwindbar zu machen. Dass Musik ein Raum jenseits von Gut und Böse sein kann. Dass man deswegen auch das Vorspiel zu Wagners *Parsifal* mögen kann, auch wenn man wie Nietzsche den Inhalt der Oper ablehnt und Wagners Anti-Semitismus verachtet.

Es war einige Tage später, als ich im Café des Marc-Chagall-Museums in Nizza die Nachricht von Jane Birkins Tod erhielt. Da saß ich nun vor meinem Nizza-Salat und wischte mir die Tränen von den Wangen. Der Tod ist der ultimative

Kontrollverlust. Lange Zeit dachte ich, dass das die Lektion sei, die der Tod für uns bereithält. Dass wir davon lernen sollen, dass sich nichts im Leben kontrollieren lässt. Dass ich loslassen und mir nicht ständig neue selbstquälerische Herausforderungen setzen sollte. Den Ball flachhalten lernen. Ich dachte, lernen zu müssen, dass Nietzsche und sein Zarathustra nur eine ekstatische Ego-Phantasie sei. Schließlich war das Ego – das war mir nicht zuletzt jahrelang im Yogastudio eingedrillt worden – grundsätzlich böse. Das ging eine ganze Weile so. Eine höchst verwirrende Zeit. Bis zu dem Tag, als ich mir auf YouTube ein Video von einem Geigenkonzert mit Anne Sophie Mutter anschaute. Sie war mit ihrer Geige die Personifizierung des Willens. Ich schaute mir das Video immer wieder an. Es war wie ein Schock, der mich aus der jahrelangen Starre befreite. In diesem Moment wurde mir klar, dass Musik – und damit eben auch alles Wertvolle im Leben – an der Schnittstelle zwischen Wille und Loslassen entsteht. Dass das eine das andere braucht. Loslassen ist schön und gut und gehört dazu, wie der Tod zum Leben. Aber um Transzendenz zu erreichen, muss man auch wollen. Ich bezahlte meinen Salat und ging durch die Mittagshitze zurück zu meinem Mietwagen, den ich ganz in der Nähe in der Avenue Léopold II. geparkt hatte. Eine Straße benannt nach dem belgischen König, der an der Côte d'Azur residierte und unvorstellbares Grauen über den Kongo brachte. Im Auto atmete ich tief durch. Dann drehte ich Jane Birkins Musik in der Stereoanlage auf und fuhr die langen Boulevards entlang, vorbei an weißen

Art-déco- und Zuckerbäcker-Gebäuden. Die meisten Fensterläden waren an diesem heißen Sommertag geschlossen. Es war still. Die Stadt schien Mittagsschlaf zu halten. Jane Birkin sang »di doo dah … mélancolique et désabusée …« Jane Birkin ließ alles immer so mühelos, so elegant, so natürlich wirken. Sogar die Melancholie. Aber gewollt hat sie auch.

Nach meiner Begegnung mit Andrew Birkin in Nizza schaute ich mir noch einmal Kubricks *2001: A Space Odyssey* an. Dieses Mal in dem Bewusstsein, dass sich der Film auf Nietzsches *Also sprach Zarathustra* bezieht. Ich hatte den Film mindestens schon zehnmal gesehen, aber erst jetzt machte das Ganze Sinn. In *2001* ist der Auslöser für die Entwicklung des Menschen vom Affen zum Übermenschen die Ankunft eines mysteriösen schwarzen Monoliths im prähistorischen Afrika. Die Affen, die mit ihm in Berührung kommen, entwickeln Intelligenz und lernen, Knochen als Waffen zu benutzen. Es kommt zum berühmtesten Schnitt der Filmgeschichte: Von einem durch den blauen Himmel fliegenden Knochen zu einem durch das Weltall fliegenden, knochenförmigen Raumschiff. Plötzlich hören wir den Walzer *An der schönen blauen Donau* und sehen, wie im Dreivierteltakt Raumschiffe an unserem wunderschönen blauen Planeten vorbeitanzen. Nichts könnte herrlicher sein. Im echten Leben wird dieses Phänomen auch als »overview effect« bezeichnet: Das Gefühl, das sich einstellt, wenn Astronauten vom Weltraum aus unseren blauen Planeten

Erde sehen. Wenn sie zum ersten Mal in realiter erfahren, wie hauchdünn und fragil unsere Atmosphäre und damit auch die Grundlage allen Lebens ist. Die meisten kehren nach diesem Erlebnis euphorisiert auf die Erde zurück und wollen der Menschheit klarmachen, dass unsere Kriege, unser Streben nach materiellem Besitz, dass all die Superyachten und Privatjets, und womit wir sonst noch unsere Erde zerstören, nichtig und falsch sind. Dass wir uns zusammenschließen müssen, um dieses blaue Wunder zu schützen. Doch bei manchen führt der »overview effect« zur gegenteiligen Reaktion. Als der amerikanische Schauspieler William Shatner, bekannt für seine Rolle als Captain Kirk in *Raumschiff Enterprise*, zurück auf die Erde kehrte, nachdem ihn der Milliardär und Superyacht-Besitzer Jeff Bezos zu einem Weltraumflug eingeladen hatte, hatte er nach eigenen Angaben mit den Tränen zu kämpfen. Im Weltall hatte auch Shatner – mit seinen 90 Jahren der älteste Mensch, der jemals den Weltraum bereist hatte – unsere wunderschöne blaue Weltraummurmel bewundert. Doch während die anderen Fluggäste im Raumschiff weiterhin auf das große Blau starrten, blickte Shatner durch das Fenster auf der gegenüberliegenden Seite. Dort starrte ihm der schwarze Höllenschlund des toten Weltalls entgegen. Denn auch wenn wir uns für die Weltraumaufnahmen der verschiedenen Weltraumteleskope begeistern und über Filme wie *2001: Odyssee im Weltraum* staunen, in denen Raumschiffe elegant durch die Sternenlandschaft schweben, so dürfen wir nicht vergessen: Bei aller Schönheit ist das Weltall doch tot. Vielleicht schwirren da irgendwo schwarze Monolithen herum, aber soweit wir wissen, gibt es dort noch keine Sternenkinder und auch sonst kein Leben. Und damit eben auch kein Bewusstsein, keine Gefühle, keine Trauer und keine Liebe, keine Bedeutung. Das Weltall ist sinnlos. Es mag ein Raum jenseits von Gut und Böse sein, aber er bietet als Alternative nur das Nichts. Diese eigentlich so offensichtliche Erkenntnis, der wir uns aber mit unseren Weltraummythologien und Ehrfurcht gegenüber den Sternen gerne verschließen, überwältigte Shatner. In einem Interview erzählte er, dass er von tiefer, profunder Trauer ergriffen wurde. Er erklärte sich diese Trauer später damit, dass ihn die Dummheit von Menschen schmerzte, die nicht erkennen, wie wertvoll unsere Erde doch ist. Jedenfalls war es kein Enthusiasmus und auch keine Euphorie, die er verspürte, sondern vielmehr große, alles überwältigende Melancholie und Traurigkeit.

An all das musste ich denken, als ich an dem Tag, als Jane Birkin starb, wieder nach Hause kam, mich an meinen Schreibtisch setzte und durch das Fenster auf den blauen Horizont starrte. Ich dachte an Andrew, der damals schon bald vom Fotokopierer zum direkten Assistenten von Stanley Kubrick aufgestiegen war und als solcher die Fotoaufnahmen von den Wüstenlandschaften in Afrika machte, die am Anfang des Films zu sehen sind (und die ich bald darauf im *Barbie*-Film parodiert sehen würde). Ich machte mir Sorgen um ihn. Aber damit war ihm jetzt auch nicht geholfen. Und hier allein in meiner Wohnung zu sitzen und

Jane-Birkin-Songs zu hören, war auch keine gute Idee. Melancholie ist eine gefährliche Droge und nur in homöopathischen Dosen zu genießen. Also beschloss ich, hinunter an den Hafen unter Menschen zu gehen. Ich wählte den Weg durch die Altstadt, der durch eine enge Straße führt, an der sich ein Touristenlokal an das andere reiht. Am späten Nachmittag stellen hier immer Restaurantbetreiber mit nackten, braun gebrannten Oberkörpern die Tische auf und zeigten dabei stolz ihre Tattoos. Über eine versteckte Treppe erreichte ich die Markthalle, wo gerade die Müllabfuhr die letzten Gemüseabfälle beseitigte und den Fliesenboden abspülte, während noch einige Möwen sich mit ein paar Tauben um einen Müllcontainer stritten. In den Bistros um den Markt herum saßen noch die üblichen Rosé-Connaisseure – Ladenbesitzer und Leute aus der Nachbarschaft. Einige von ihnen waren aus der Großstadt für ein entspanntes Leben an die Côte d'Azur gezogen. Sie alle kennen sich, sitzen herum, beobachten die Touristen, die wiederum sie beobachten und sich fragen, ob so ein Rosé-Leben auch etwas für sie wäre. Ich ging weiter, vorbei an der Brasserie Astoux et Brun, wo man nicht reservieren kann und schon am frühen Abend immer eine Traube an Wartenden hungrig auf die riesigen Meeresfrüchte-Étagèren starren, die hier aufgetischt werden. Die Flohmarktverkäufer waren schon dabei, ihre Stände abzubauen, die sie um das Lord-Brougham-Denkmal errichtet hatten. Ich hatte mir hier erst vor Kurzem einige Porzellanteller und ramponiertes Silberbesteck gekauft, die offensichtlich aus einem alten Hotel stammten. Auf dem Flohmarkt von Cannes findet man immer wieder die Überreste der sich ständig erneuernden Tourismusindustrie. Mitten unter den Ständen entdeckte ich eine Informationswand, die die Stadtverwaltung hier aufgestellt hatte. Sie erinnerte an die Galavorführung von *2001: A Space Odyssey*, die hier zu Ehren des 50. Geburtstags des Films während der Filmfestspiele von 2018 stattgefunden hatte. Das musste ich Andrew erzählen. Ich ging weiter in Richtung Hafenbecken, wo ein paar Mutige in den engen Kabinen des Riesenrades langsam im Kreis schaukelten. Schaute rüber zum Palais du Festival und war wieder einmal erstaunt, dass das Palais trotz all seiner Hässlichkeit es nicht schaffte, die Schönheit des blauen Horizonts zu zerstören. Auch die Superyachten konnte ich in diesem Moment übersehen. Um mich herum flanierten Paare händchenhaltend die Hafenmauern entlang. Kinder rannten durch die Gegend oder hielten sich an den Händen ihrer Eltern fest. Teenager düsten auf ihren Mopeds durch die Gegend oder standen in hormonell überwältigten Grüppchen herum. Die Wellen schlugen sanft gegen die Kaimauern. Über mir gackerten die Möwen und in meinen Kopfhörern sangen die Rolling Stones »*May the good Lord shine a light on you. Warm like the evening sun*«. Gott mag tot sein, und wir veranstalten die schrecklichsten Dinge, um ihn zu ersetzen. Und Sternenkinder gibt es leider nur im Kino. Aber wenn die Côte d'Azur eins vermittelt, dann, dass Gegensätze und Widersprüche nebeneinander existieren können. Dass wir alle wie Captain Kirk im Raumschiff sitzen, auf der einen Seite das große Blau, auf der anderen das Nichts, und wir in der Mitte. Und dass es zum Menschsein dazugehört, beides auszuhalten. Ja, beides in sich zu halten und sich davon nicht zerreißen, sich nicht vom Kurs abbringen zu lassen. Und wenn ich hier hinaus zum Horizont der Côte d’Azur blicke, dann weiß ich immer, wohin die Reise geht.

DANKE AN

Claire Loubier, meine Eltern & meine Schwester, Christian Werner, Regine Baschny, Karen & Andrew Birkin, Patrizia Dander, Tom Ising, Nina & Juri Sternburg, Lydia Soleant, Eric Cohen & Fabio Perrone, Nikolai Galitzine, Matthias Mühling, Monika Sprüth, Paolina Leccese, Maurin Dietrich, Alexandra Bondi de Antoni, Petra Schwimmbeck, Frauke Finsterwalder, Georgia Dienst, Bene Sarreiter, Herman Weigel, Esra Aydin, Antonia Baum, Mark Filatov, Uli Felsberg, Beate Rott, Tessy Schulz, Nena & Mathias Schwarz und Friederike Schilbach. Sowie Constanze Neumann, ohne die ich keine Bücher schreiben würde.